教育部人文社会科学研究一般项目（21YJA790064）

数字农业高质量发展
评价指标体系构建及路径选择

肖　艳　彭诗言　徐雪娇◎著

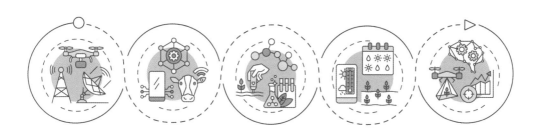

人 民 出 版 社

策划编辑:郑海燕
封面设计:牛晨晨
责任校对:周晓东

图书在版编目(CIP)数据

数字农业高质量发展评价指标体系构建及路径选择/肖艳,彭诗言,
　徐雪娇 著. —北京:人民出版社,2022.12
ISBN 978－7－01－025261－2

Ⅰ.①数…　Ⅱ.①肖…②彭…③徐…　Ⅲ.①数字技术-应用-农业发展-
研究-中国　Ⅳ.①F323

中国版本图书馆 CIP 数据核字(2022)第 216801 号

数字农业高质量发展评价指标体系构建及路径选择
SHUZI NONGYE GAO ZHILIANG FAZHAN PINGJIA ZHIBIAO TIXI GOUJIAN JI LUJING XUANZE

肖　艳　彭诗言　徐雪娇　著

人 民 出 版 社 出版发行
(100706　北京市东城区隆福寺街 99 号)

中煤(北京)印务有限公司印刷　新华书店经销

2022 年 12 月第 1 版　2022 年 12 月北京第 1 次印刷
开本:710 毫米×1000 毫米 1/16　印张:17
字数:200 千字

ISBN 978－7－01－025261－2　定价:90.00 元

邮购地址 100706　北京市东城区隆福寺街 99 号
人民东方图书销售中心　电话 (010)65250042　65289539

目　　录

前　言 ……………………………………………………………… 1

绪　论 ……………………………………………………………… 1

第一章　主要概念界定与相关基础理论 ……………………… 23

    第一节　主要概念界定 ………………………………… 23

    第二节　相关基础理论 ………………………………… 32

第二章　数字农业发展现状及问题 …………………………… 45

    第一节　数字农业发展现状 …………………………… 45

    第二节　数字农业发展问题分析 ……………………… 74

第三章　国内数字农业发展经验与启示 ……………………… 90

    第一节　国内数字农业发展经验 ……………………… 90

    第二节　国内数字农业发展经验的启示 ……………… 103

第四章　数字农业高质量发展评价指标体系构建……………… 109

　第一节　数字农业指标评价原则　…………………… 109

　第二节　评价指标体系构建思路和基本框架　………… 112

　第三节　数字农业指标评价方法　……………… 116

　第四节　数字农业高质量发展评价指标筛选与权重确定　……… 118

　第五节　J省数字农业高质量发展实证分析……………… 145

第五章　数字农业高质量发展路径……………… 154

　第一节　构建数字农业标准体系,连出高质量　……… 154

　第二节　培育新型农业经营主体,种出高质量　……… 169

　第三节　打造特色区域品牌,讲出高质量……… 181

　第四节　完善农村物流体系,运出高质量……… 190

　第五节　完善数字农业产业链,融出高质量……… 200

　第六节　创建数字农业产业学院,育出高质量……… 214

第六章　数字农业高质量发展的外部保障措施……… 221

　第一节　构建组织保障体系　……………… 221

　第二节　完善制度保障体系　……………… 224

　第三节　培育人才保障体系　……………… 234

　第四节　强化技术保障体系　……………… 242

结　论……………… 247

参考文献……………… 250

后　记……………… 264

前　　言

数字农业是 21 世纪全球农业发展战略,也是实现农业现代化的必然选择。我国自 2018 年中央"一号文件"首次提出大力发展数字农业以来,相继印发了《乡村振兴战略规划(2018—2022 年)》《数字农业农村发展规划(2019—2025 年)》等文件,为加快发展数字农业指明了方向并提供了遵循。习近平总书记在党的十九届五中全会上强调:"经济、社会、文化、生态等各领域都要体现高质量发展的要求"。习近平总书记在党的二十大报告中明确提出:"高质量发展是全面建设社会主义现代化国家的首要任务""全面推进乡村振兴""坚持农业农村优先发展"。高质量发展是经济发展理论的重大创新,是习近平新时代中国特色社会主义经济思想的重要内容,数字农业高质量发展是经济高质量发展根本要求在"三农"工作中的贯彻落实。如何界定数字农业高质量发展的内涵,如何评价各县域数字农业发展水平,如何实现数字农业高质量发展,这些都是亟待解决的问题。因此,研究数字农业高质量发展评价指标体系构建及路径选择,具有重要的理论价值和现实意义。

在研究绪论部分,阐述研究数字农业高质量发展问题是我国农业高质量发展的重要构成。通过对国内外文献的梳理发现:国外学者大多从数字化角度出发探讨农业的发展,鲜有学者将数字农业作为一个整体来探讨数字农业的内涵、特征以及评价体系,更鲜有学者结合数字农业特点探索数字农业的发展路径与对策。而国内学者对数字农业、农业高质量发展的研究十分丰富,也有一些学者关注数字农业与农业高质量发展的内在逻辑。但是,大多数研究是从宏观角度对数字农业与高质量发展之间的关系进行论证,将数字农业与农业高质量发展作为两个概念,鲜有学者将"数字农业高质量发展"作为一个整体来关注数字农业高质量发展的路径以及数字农业高质量发展的评价指标体系,这也为本研究提供了探讨空间。

在主要概念和相关理论部分,首先阐述了数字农业、智慧农业、精准农业、现代农业、农业高质量发展等概念,梳理了相关概念之间的关系,本书将数字农业高质量界定为:基于农业与现代信息技术的深层次融合,在农业生产端提高资源利用率,进而实现对农业产业结构与农产品产量的高度优化。在此基础上,分析了多功能农业理论、产业链理论、产业融合理论、农业现代化理论、农业技术创新理论以及农业可持续发展理论对数字农业高质量发展的指导意义,为后续研究提供了理论基础。

在数字农业发展现状及问题部分,对数字农业发展总体情况进行了分析和阐述,从农业信息标准化存在短板、农业信息资源共享机制不健全、信息服务模式创新能力弱、组织化程度低、专业人才紧缺等方面分析了数字农业高质量发展中存在的问题。

在数字农业发展经验与启示部分,分析了我国吉林省、黑龙江省、浙江省、内蒙古自治区、新疆维吾尔自治区等地区数字农业发展实践,认为数字农业高质量发展是一项复杂的系统工程,应由政府适时推出相关政策保障,创新社会融资渠道,强化人才培养,促进数字技术与传统农业的融合创新。

在数字农业高质量发展评价指标体系的构建部分,从评价指标体系构建的原则、评价指标选择以及评价方法等方面阐述了数字农业高质量发展评价指标体系构建的思路,构建了反映数字生产、科技创新、效益水平、产业多元化发展以及信息化水平等数字农业高质量发展评价指标体系的基本框架,从权重方法选择、构建判断矩阵、指标权重的一致性检验、计算各指标权重、指标体系构建结果分析等方面阐述了指标权重的确定,并以 J 省为例进行了实证分析。

在数字农业高质量发展路径部分,从以下几个方面探讨实现数字农业高质量发展的路径。一是连出高质量。通过统一分类标准和编码体系,建立农业农村业务数据资源目录;制定涵盖农业数据采集、存储、分析、处理和服务标准,制定农业大数据平台和系统标准、数据访问和交换标准;把分散在各部门、各单位的业务数据按照统一标准、统一模式汇集并共享,消除"信息孤岛"现象,实现信息共享,连出高质量。二是种出高质量。重点扶持龙头企业做大做强,实现规模化、标准化生产,提升产业化水平。培育数字农业综合体,提升生产端和服务端的质量标准,发挥"头雁"效应。提升生产端的产出质量,种出高质量。三是讲出高质量。围绕国家"一村一品"战略,打造农产品区域品牌;围绕品牌产品拓展业务、搭建平台,形成品牌群;挖掘品牌文化,强化品牌整合营销传播,形成种植、加工、观光、休闲、文旅等多功能的产业生态,讲出高质量。四是运出高质量。完善各地现有农产品交易平台,打通供需信息交流渠道,快捷便利地将农产品从生产端运到消费端,构建农资采购和农产品销售的双向物流通道,加快生鲜农产品包装、储运技术创新,保证运输环节的农产品质量,运出高质量。五是引出高质量。打造农业生产、流通、质量监管综合信息平台,搭建数字农业智能化网络,不断丰富网络节点,逐步形成系统性的数字农业信息网络。以数字化为核心,延伸数字农业产业链,引出高质量。六是育出高质量。校企合作创建"数字农业产业学院",采取定制化人才培养方式,开设涉农技术、涉农物联网、涉农电商、涉农数据分析、涉农政策研究等专业,培养知识型、技能型、创新型数字农业应用人才。了解培训需求,根据不同培训对象,设计不同培训内容,采取多种培训方式,构建多元化培训体系,育出高质量。

在数字农业高质量发展外部保障部分,探讨了政府保障数字农业高质量发展的相关政策措施。基于农业在国民经济发展中的重要地位,国家结合农业的空间异质性,因地制宜地编制地方数字农业发展规划。建立实施数字农业建设工作的组织框架、技术框架、总体构想和发展方向,指导、规范、推进数字农业建设工作,从组织、制度、人才和技术等方面保障实现高质量发展。

本书对数字农业高质量发展的评价指标体系构建及路径进行了探索性研究,构建了数字农业高质量发展的评价指标体系,提出了数字农业高质量发展的路径,并阐述了数字农业高质量发展的外部保障,取得了阶段性创新成果。本书成果不仅丰富了现有数字农业及经济高质量发展的理论体系,也为数字农业高质量发展后续研究提供了一定的借鉴和启示。

绪　　论

　　数字农业是"数字中国"战略的重要组成部分,党的十八大以来,以习近平同志为核心的党中央高度重视数字农业农村建设和发展,农业农村部、中央网络安全和信息化委员会办公室出台《数字农业农村发展规划(2019—2025 年)》等文件。数字农业建设虽已具有一定基础,但也面临诸多制约因素,特别是在政策与标准、评价体系、平台建设、示范推广和人才储备等方面依然存在发展瓶颈亟待解决。"十四五"时期,经济社会发展要以推动高质量发展为主题,研究数字农业高质量发展路径与对策、构建数字农业高质量发展评价体系,对建设数字中国、助力乡村振兴以及率先实现农业现代化具有重要意义。

一、研究背景及意义

　　数字经济时代,基于传统信息化管理将逐步升级过渡到基于云架构的数字化管理模式。借助数字化沟通、洞察与经营方式,通过精细化的差异化价值创新,为不同群体针对性地提供高附加值的商品、服务,成为数字农业实现高质量发展的重要路径。

（一）研究背景

中国农业经过多年发展，获得了举世瞩目的成就，粮食生产实现历史性的"十八连丰"，产量连续7年稳定在1.3万亿斤以上，农产品供给问题基本解决。但农业发展过程中仍面临挑战。从供给侧看，农产品附加值相对偏低，农业增产不增收；从消费端来看，消费者开始追求高质量消费，但在挑选农产品时无所适从。为此，农业农村部、中央网络安全和信息化委员会办公室印发的《数字农业农村发展规划（2019—2025年）》中明确提出："十四五"时期是推进农业农村数字化的重要战略机遇期。必须顺应时代趋势，把握发展机遇，加快数字技术推广应用，大力提升数字化生产力，抢占数字农业农村制高点，推动农业高质量发展和乡村全面振兴，让广大农民共享数字经济发展红利。同时，随着信息技术的深度推广及应用，世界各国都将农业的数字化转型作为农业的未来发展方向。"十三五"期间，我国网民规模从6.88亿元增长至9.89亿元，五年增长了43.7%。2022年2月25日，第49次《中国互联网络发展状况统计报告》显示，截至2021年12月，我国网民规模达10.32亿人，互联网普及率达73.0%，我国网民人均每周上网时长达到28.5个小时。较高的网络普及率是数字农业高质量发展的基础。

党的十九届五中全会《中共中央关于制定国民经济和社会发展第十四个五年规划和二〇三五年远景目标的建议》提出，"十四五"时期经济社会发展要以推动高质量发展为主题。这也是中国农业未来一个时期的发展方向，围绕这一方向需要确定发展思路、制定实施路径，因此，数字农业如何实现高质量发展成为亟待解决的重要问题。

（二）研究意义

数字农业全产业链大数据建设，包括从生产、加工、流通、销售、消费等关键环节加快数字化改造，打通数据链、重构供应链、提升价值链，促进农业农村一二三产业融合发展，进而以数据驱动农业高质量发展。基于以往的相关研究，我们对数字农业如何实施高质量发展进行系统分析和阐述，构建数字农业高质量发展的研究框架，对调整农业产业结构、提升农业竞争力、实现农业现代化具有重要意义。

1. 数字农业高质量发展有利于调整农业产业结构

中国经济高速增长的背后是居民收入的大幅提高，随之而来的是消费结构和生活方式的变化。消费结构升级反映了居民从较低生活质量标准向较高生活质量标准的演变①，这种消费结构的变化势必要求产业结构也要作出相应的调整。库兹涅茨（Kuznets）在《现代经济增长》一书中分析了产业结构与消费的关系，认为产业结构与最终需求结构以及消费结构高度相关。② 因此，在中国消费者的消费需求从生存型转向享受型的趋势下，调整农业产业结构势在必行。

中国作为传统的农业大国，农业问题在国民经济中占据重要位置。值得注意的是，中国区域经济发展并不平衡，一些经济发展相对较好的地区，其农业发展状况也相对较好，但是经济发展相对

---

① 张颖熙、夏杰长：《以服务消费引领消费结构升级：国际经验与中国选择》，《北京工商大学学报（社会科学版）》2017年第6期。
② ［美］西蒙·库兹涅茨：《现代经济增长》，戴睿、易诚译，北京经济学院出版社1989年版，第12页。

缓慢地区的农业,仍然是大而不强、多而不优,现代化技术手段应用迟缓,导致农产品产量高但附加值低,产业结构亟待优化。基于此,国家出台发展数字农业的相关政策,借助农业领域数字技术的研发推广,让更多的农民分享数字经济红利。

过去,现代技术在农业领域中的应用多是分散在不同的农业产业链环节,更多集中在产业链的中间环节,彼此之间缺少直接的关联性,对农业产业结构调整的能力有限,而农业产业数字化成为经济相对落后地区实现弯道超车的重要机遇。数字农业是通过精准的信息传递把广大的消费品市场与小农户为主的生产单位联系在一起,通过全产业链的数字化,提升农业生产环节的市场应对能力和生产要素的匹配能力,从而形成市场导向型的新型农业生产体系。同时,随着信息技术的深度开发普及,农业管理水平不断提升,规模化、数字化管理成为趋势,为产业细分和产业升级提供了广阔的空间。另外,信息技术也成为农民的新型劳动工具,通过在线直播催生了新的商业模式,拓宽了销售渠道,也为农产品的仓储物流提供了广阔的市场。因此,数字农业的高质量发展可以优化农业产业结构,满足消费需求的高质量要求,实现供求匹配。

2. 数字农业高质量发展有利于提高农业竞争力

我国既是农业大国,也是人口大国,温饱问题曾经一直困扰着我们。改革开放后,我国政府已经成功解决 14 亿人民的温饱问题,农业从原来追求产量转向追求质量,如何提高农业竞争力问题也成为社会关注的焦点。国家在《中共中央关于制定国民经济和社会发展第十四个五年规划和二〇三五年远景目标的建议》中单列专章,明确把提高农业竞争力放在突出位置,以此推动中国从农业大国向农业强国转变。

中国是世界农业文明的重要发源地，培育了世界上最早的水稻、大豆和小米，开辟了史无前例的世界贸易大通道，创作了世界最早的农业科学著作《天工开物》《齐民要术》等，为全世界农业科技、农业制度和农业哲学的发展留下了辉煌的篇章。在农业经济时代，中国的茶叶、瓷器、丝绸作为国家品牌大量销往世界各地。但是，19世纪开始到20世纪中叶，中国农业停滞不前，如今，中国经济进入高质量发展阶段，质量兴农成为社会共识，数字农业高质量发展成为必然。

中国的科技水平在不断进步，国家也在积极实施科技驱动传统农业转型升级，其中数字技术是非常重要的途径之一。从目前的农业生产成本看，中国日趋成熟的工业体系，提供了农业生产所需的农业机械、杀虫剂、化肥等相关生产资料，这些生产资料的价格从长期来看在下降，但是，受多重因素影响，农业劳动生产率相对偏低，整体的农业竞争力水平仍然不高。通过数字技术在农业领域中的广泛应用，可以提高产前的育种效率、产中的农产品品质管理、产后的供应链环节中的运输技术创新和运输能力提升，销售环节中的市场知名度和市场占有率，以及全产业链过程中的管理效率。在促进中国农业高质量发展的同时，运用数字技术也可以快速掌握国际农业市场的变化，准确预测未来农产品变化趋势，指导农业生产企业调整种植、养殖计划，提升中国农业的竞争力。

3. 数字农业高质量发展有利于实现农业现代化

1949年新中国成立之时，周恩来同志首次提出农业现代化建设的目标。[①] 1987年，中国农业部成立了信息中心，为中国农业现

―――――――――

[①]　张国忠、王景利：《我国农业现代化发展进程分析》，《金融理论与教学》2020年第6期。

代化迈出了坚实的一步。经过几代人的辛苦付出,目前中国农业现代化建设获得了显著成效,农业现代化的内涵不断丰富,农业现代化的基础得到夯实,但是在由农业大国向农业强国跨越的进程中仍然面临严峻挑战。为此,2020 年 10 月召开党的第十九届五中全会再次强调农业农村现代化问题,并对这一目标作出了系统部署。数字农业高质量发展是实现这一目标的重要途径之一。

传统农业由于信息不对称无法解决千家万户的小生产与千变万化的大市场之间的矛盾,使农民增产不增收,为解决这一问题,国家提出农业产业结构的调整,强调农业供给侧结构性改革问题。同时,在 2020 年年底召开的中央经济工作会议上,国家提出"注重需求侧管理"。与传统的需求侧管理不同,今后的需求侧管理重心由消费驱动向以需求为动力、以供给为支撑、供需双侧发力,而数字农业可以通过数字技术解决供需之间信息不对称的问题。

数字农业高质量发展通过数字技术激活农业发展新动能,围绕农业供给侧结构性调整,打通产业"瓶颈",提高农产品的供给质量,借助新业态、新技术来挖掘农村市场的巨大潜力,以消费需求来引导农产品供给,通过供给与需求的有效衔接,实现数字农业高质量发展。同时,通过数字技术与传统农业的深度融合,将农业机械现代化、农业物流现代化、农业服务现代化、农业产业现代化、农业管理现代化统筹起来,推动数字农业高质量发展的同时,实现农业现代化目标。

二、国内外研究现状述评

国内外学者围绕数字农业以及农业高质量发展问题进行了一定程度的研究,为数字农业高质量发展研究奠定了重要基础。

(一)国外研究现状

近年来,数字技术在农业领域的实践应用促使越来越多的国外学者关注数字农业,大量国外文献从大数据、人工智能、物联网和区块链等数字技术的应用角度对农业生产系统的价值链进行研究(Kamilaris 等,2017;Skvortsov 等,2018;ElBilali 和 Allahari,2018;Dick 等,2019;Portanguen,2019)。同时,许多重要国际会议也围绕数字农业开展了讨论,如 2018 年国际农业系统协会研讨会、2019年欧洲农村社会学学会会议。当前,国外的相关研究已经涉及经济、管理、地理、创新等多个研究领域,尽管许多国外学者对数字农业越来越感兴趣,但现存的关于数字农业的相关文献仍然比较零散。通过梳理可以发现,国外文献主要从以下几个方面探讨数字农业。

1. 数字农业技术的相关研究

一些学者针对农业数字化过程中的农业技术问题开展研究(Aker,2011;Mogili 和 Deepak,2018;Inwood 和 Dale,2019)。他们将研究视角聚焦于数字技术在农业运营中的应用(Jensen 等,2012;Barnes 等,2019)、数字技术对农业实践的影响(Fountas 等,2005;Hansen,2015)以及采用数字技术后的农业运营过程(Higgins 等,2017)。还有一些学者采用定量分析方法来探讨数字技术的应用,如计算数字农业的成本和收益(Schimmelpfennig 和 Ebel,2016),以及采用经济计量方法测试不同的农业相关变量(如农场规模和专业化,农民年龄、教育程度等)(Annosi 等,2019;Barnes 等,2019)。也有一些学者探讨农业领域特定决策支持工具以及通用技术(如手机)在获取农产品价格信息方面的作用(Baumüller,

2017)。其中,有学者以波兰农业为研究对象,研究发现波兰农业正处于进入智能农业的初级阶段,数字化对未来波兰农业的发展提出了挑战,要实现波兰农业的可持续发展,需要开发新的本地嵌入式数字知识(Janc 等,2019)。也有学者对德国、英国、荷兰、法国、西班牙、希腊和塞尔维亚的农民和农业领域专家开展访谈,探讨了不同地区农业中数字技术的使用情况,并评估了农业数字技术应用对一系列社会问题(如农场收入和环境保护)的影响。研究发现,相对而言,德国农民对数字农业技术在调节农场收入方面的表现持更多保留意见(Knierim 等,2019)。

2. 数字化对"三农"影响的相关研究

一些学者研究数字技术如何影响农业耕作方法、农村文化结构、农民知识和技能等方面。既有研究认为,数字化可以对农村地区和农民的文化结构产生重大影响(Butler 和 Holloway,2016)。同时,数字化可能改变农业文化实践(Eastwood 等,2012;Carolan,2019)以及农民工作程序(Carolan,2019)。此外,数字化也会影响农场的运营模式(Bear 和 Holloway,2015)。随着数字农业的发展,也有一些学者对数字化的积极作用产生了质疑,认为数字化会促使农民由于获取不到足够的农业数据而焦虑(Rotz 等,2019),同时,着重于自动化任务和提高效率可能会使那些不懂数字的农民和农业工人受到歧视,这可能会对农村劳动力需求产生负面影响(Carolan,2019;Rotz 等,2019)。然而,也有学者认为数字技术可以嵌入到现有的农业实践中,创建"数字"和"模拟"技能的结合(Burton 和 Riley,2018),促使农民产生一种新的"负责任的专业精神"(Blok,2018)。有学者就挪威奶牛养殖中的智能挤奶系统(AMS)开展研究,探索数字农业对农业劳动的性质、农民技能和农民身份的影响。研究发现,引入挤奶机器人有助于提高农民的工作和生活质量,具体包括得到更灵活的工作日、减少体力劳动工作以及快速实现奶牛养殖标准等,因此,挪威农业引入机器人挤奶带动了农业产业结构发展(Vik 等,2019)。还有学者研究了大数据影响农民工作的过程。研究发现,农民是大数据的用户和共同生产者,大数据能够有效引导农民决策,并影响农村社区和环境(Lioutas 等,2019)。

　　3.数字农业知识与创新相关研究

　　随着数字农业的发展,许多学者发现,数字化驱动农业知识创新系统的演变,这些研究集中于知识和创新系统的宏观、中观或微观视角。从宏观的角度来看,一些采用创新系统观点的研究着眼于创新系统如何实现数字化(Kamilaris 等,2017)。一些学者提出了数字农业创新系统(DAIS)概念,明确了农业创新系统中的数字创新要素,并指出该系统可能会改变创新的支持方式,为农业变革提供一种新的力量(Fielke 等,2019)。学者们普遍认同,数字技术将重塑公众对农业生产和农业价值的理解,因而,需要思考数字化将如何影响创新体系(Nambisan 等,2019),如:数字农业知识系统和数字农业创新协同的过程(Ingram 和 Gaskell,2019)。还有学者应用创新机会详细地绘制了加拿大农业中农业设备创新采取的创新路径(Relf Eckstein 等,2019)。从中观的角度看,一些研究基于知识学习理论探究了数字农业创新的实现过程(Van Der Vorst 等,2015;Kelly 等,2017)。例如,考察了数字平台和社交媒体如何影响本地和全球信息共享与知识学习(Aker,2011;Jespersen 等,2014;Burton 和 Riley,2018)。从微观的角度看,一些学者着眼于数字农业决策支持创新系统(Antle 等,2017 年;Rose 等,2018)以及农业顾问与农民如何在互动中实现"数字知识系统""农民知识系统"的结合(Tsouvalis 等,2000;Beckett,2019)开展相关研究。其中,有学者发现数字化对农业发展中影响知识和创新系统的一个关键角色:农业咨询服务(Ayre 等,2019)。

4. 数字农业经济相关研究

随着数字经济这一新兴经济形式的兴起,许多学者立足于农业领域对数字农业经济开展研究。一些研究试图评估数字农业经济在推动农业生产力上的效果。例如,有学者分析了数字技术的积极作用,认为数字农业经济将是农业领域新的形式,同时,各国数字农业经济发展潜力存在差异(Lio 和 Liu,2006)。一些学者探究了数字化对农业经济供应链的潜在影响(Jouanjean,2019;Smith,2018)以及农业经济发展中的大数据服务问题(Boehlje,2016;Sykuta,2016)。另一个重要的研究领域涉及数字技术对农产品市场的经济影响,这些研究主要采用微观经济学中的理论、模型和实证方法开展研究(Islam 和 Grönlund,2010;Aker,2011;Agyekumhene 等,2018)。尽管如此,关于数字农业的实证研究仍然较少,大多数文献仍属于定性研究。还有一些研究从政治经济学角度分析数字农业,强调应构建突出垂直集成系统的商业模式。在这种模式下,数据公司向农民提供"数字一揽子交易"(Bronson,2018),这些"一揽子"交易往往有助于维护权力平衡以及构建新的数字农业运营模式。总体来看,大多数学者认为数字技术的应用有助于提高农业经济的价值。罗霍·吉梅诺(Rojo Gimeno 等,2019)是其中有代表性的学者,他提出一个分析框架,并指出使用数字技术能够促使精确农业信息的获取效率提升,有助于提高农业经济价值。

综上所述,国外学者对数字农业的研究视角较为丰富,主要涉及数字农业技术、数字化对"三农"影响、数字农业知识与创新、数字农业经济等方面。从文献中不难发现,虽然学者们对数字农业展开了细致的研究,但是大多从数字化角度探讨农业的发展,鲜有学者将数字农业作为一个整体来探讨数字农业的内涵、特征以及评价体系,更鲜有学者结合数字农业的特点探索数字农业的发展路径与对策。更重要的是,当前高质量发展已经成为众多经济形式的发展趋势,而国外文献对农业高质量发展以及数字农业高质量发展的探讨并不多见,因此,亟待开展相关研究。

(二)国内研究现状

20世纪90年代末,数字农业引起国内学者关注。1999年,汪懋华院士在《农业机械》期刊上连续发表11篇系列文章,介绍知识经济下国外农田精耕细作技术的应用,指出建立"精细农业"技术体系将是农业发展的必然趋势。此后,国内学术界围绕精细农业、智慧农业等展开了一些研究,近年来,学者们围绕数字农业、农业高质量发展等展开相关研究,相关文献研究主要集中在以下几个方面。

1. 数字农业

国内学者主要从内涵、发展模式、关键问题等方面对数字农业开展研究。

(1)数字农业内涵研究

在数字农业领域,卢钰和赵庚星(2003)是国内较早开展相关研究的学者,他们认为"数字农业"是一种新型的农业,它由数字化技术和农业生产管理二者深度融合产生,是以各种高新技术为支撑,如遥感、遥测技术、自动化技术、地理信息技术、通信和网络技术、全球定位系统和计算机技术等,能够实时全面掌握农作物的生长状况,对其进行数字化存储管理,推动动态空间信息系统的形成,并通过模拟和分析农业生产管理的现象、过程,进而能够将农业生产对象与过程的表达、设计、控制、管理等数字化与可视化。在此之后,越来越多的学者开始对数字农业深入探讨。有学者认为,数字农业旨在将农业的生物、环境、技术和经济等过程与种植业、渔业、畜牧业等各结构要素深度数字化,并在农业和农业的生产、教育、科研和流通等方面充分应用农业信息技术,对其进行全方位的数字化、网络化管理。对数字农业而言,将农业生产过程全方位数字化是其重要内容,即在农业生产系统内,农业的生物、环境、技术和经济等过程的全面数字化(曹宏鑫等,2012)。也有学者对数字农业的概念做进一步概括:在高新技术(如信息技术、地学空间等)支持下集约化、信息化的全新农业模式,将多种高新技术(如遥感、全球定位系统、地理信息系统和计算机技术等)与多学科(如农学、生态学、土壤学和植物营养学等)深度融合,进而在农业生产过程中,能够及时获取与农作物有关的各种信息,生成空间信息库,对大数据进行处理并形成相关模拟模型,提升资源合理利用的程度,增加农作物产量,提高产品品质,进一步对生态环境进行保护(葛佳琨和刘淑霞,2017)。

综上所述,不同学者从不同角度对数字农业的内涵进行了界定,虽研究视角各有不同,但普遍将数字农业界定为农业发展的一种新形式,是以信息技术、数字设计、信息管理为支撑,数字信息被视为农业生产中的一个新要素,将农业的对象、环境及全过程输出可视化,是在数字经济范畴下以数字化重组的形式实现农业产业变革与升级的一种典型应用。

（2）数字农业发展模式研究

随着数字农业发展研究的深入,多数学者开始关注数字农业的发展模式。对数字农业发展模式的讨论,国内学者主要从以下几个方面展开研究:农村电子商务建设、农业经营主体信息化发展、农产品流通体系建设和技术推动农业供给侧改革等。在农村电子商务建设方面,学者侧重于研究如何通过信息化平台的构建实现农产品供求等信息的实时流动,如何通过电子商务的建设解除农产品流通所面临的难题等(汪旭晖等,2016)。在农业经营主体信息化发展方面,一些学者通过对新型农业经营主体信息化发展现状进行研究,认为信息基础设施的规划发展可以极大地推进信息资源的共享,有助于提高农业现代化发展水平(杨久栋等,2019;彭新宇,2019)。在农产品流通体系建设方面,部分学者主要聚焦于互联网技术应用在推动农产品流通渠道实现跨界融合、集成效应等方面的研究,提倡通过采用互联网技术来促使农产品流通降低成本和增加效益(赵大伟等,2019)。在技术推动农业供给侧结构性改革方面,部分学者关注到了农业信息化建设可以有效促进农业全要素生产率的提升这一重要作用(万俊毅等,2018),同时提倡将科技作为支撑来引领农业供给侧结构性改革,广泛运用现代高新技术建设质量安全监督平台和溯源体系,进一步完善监管机制,推动农业供给侧信息化改革。还有学者以单案例研究方法对网易味央农场的养猪模式进行案例分析,全面总结了其数字农业模式的发展历程,发现其经历了生产模式探索和经营模式探索两个阶段(汪旭晖等,2020)。

（3）数字农业发展关键问题研究

随着数字农业的发展,在实践中遇到了诸多问题,这使得学术界开始关注数字农业发展的关键问题。有学者指出,当前数字农业发展中仍然存在农业大数据平台建设较为滞后、农业信息化水平较低以及农业信息化效益不明显等问题,要实现数字农业快速发展,必须有效攻克这些关键问题(池红等,2017)。也有学者将数字农业发展划分为不同的阶段,并指出在不同阶段需要攻克的问题不尽相同。其中,在数字农业基础建设阶段,需侧重于农业数字化标准体系构建、农业物联网基础设施建设;在应用升级阶段,则需聚焦于数据驱动模型与算法的设计、数字农业经营主体培育,同时,各个阶段都需要政府对数字农业的发展进行科学治理(阮俊虎等,2020)。总体而言,学者们普遍认为,核心关键技术研发滞后、信息数据资源共享机制不健全是数字农业发展过程中需要解决的关键问题(王小兵等,2020)。

综上所述,国内学者对数字农业的研究主要包括内涵、发展模式、关键问题等方面。不同学者从不同角度对数字农业的内涵进行界定,虽研究视角不同,但普遍认为数字农业是农业发展的一种新形式。在对农业发展模式研究上,体现在农村电子商务建设、农业经营主体信息化发展、农产品流通体系建设、信息驱动产业融合及技术推动农业供给侧结构性改革等多个方面。对于数字农业发展的关键问题主要聚焦于农业数字化标准体系、农业信息化建设以及核心关键技术研发等。总体来看,学术界对数字农业的研究已经取得一定的进展,为后续研究奠定了一定基础,但是不难发现,关于数字农业高质量发展、数字农业评价体系建设的研究,相对较为匮乏。同时,大多数研究仍停留在定性研究阶段,鲜有定量研究,且少有将数字农业与农业高质量发展作为一个整体进行研究。

2.农业高质量发展研究

当前高质量发展研究主要涉及国家层面的高质量发展研究（鲁邦克等，2019）、制造业高质量发展研究（江小国等，2019）以及区域经济高质量发展研究（马茹等，2019）。总体来说，农业高质量发展的研究仍较为滞后。关于农业高质量发展的研究，国内学者主要从以下几个方面展开。

（1）农业高质量发展内涵研究

学术界对农业高质量发展的研究相对较早，学者们在农业增长方式转变（蒋永穆，1997）、农业发展方式转变（吴向伟，2008）、农业供给侧结构性改革（陈锡文，2017）等方面取得了较为丰富的研究成果。高质量发展已经成为中国经济的重要特征，在此背景下，农业发展方向也亟须转变为高质量发展。基于此，一些学者针对农业高质量发展的内涵开展了研究。有学者从狭义、广义两方面简述农业高质量发展的内涵，认为狭义上仅指农产品质量，而广义上则还应包含产业效益、生产经营体系等（钟钰，2018）。特色性、融合性、惠民性、动态性、创新性、生态性等是农业高质量发展的特性（丁声俊，2018）。同时，绿色发展理念是农业高质量发展的核心理念，在保障粮食安全的前提下，以水土资源质量保护为主，采用生产绿色化的方式，以质量标准化体系为指导，以提高农产品质量为基础，以国内、国外两个市场为导向，旨在改善农业生产环境、农产品质量、提升农产品市场竞争力的一种发展（于法稳和黄鑫，2019）。高质量农业是一个有机整体，即将生产体系、经营体系与产业体系视为一体。其中，生产体系、经营体系、产业体系分别作为高质量农业的动力支撑、运行保障和结构骨架，且经营体系体现为生产关系的要求，而生产体系和产业体系体现为生产力的要求(夏显力等,2019)。由此可见,关于农业高质量发展,还需要思路的转换与合理化的发展路径及策略,才能推动中国农业保产、高效、减量和增收的目标实现,进而走上因"地"制宜的发展道路(罗必良,2020)。综上所述,从农业高质量发展的内涵界定上来看,虽然学者们对农业高质量发展的表述方式存在不同,但是,他们普遍认同农业高质量发展是以保产、高效、减量和增收为目标、以水土资源质量保护为主,采用生产绿色化的方式,将质量标准化体系作为指导,旨在提高农产品质量的一种发展状态。

(2)农业高质量发展评价研究

早期的研究并未直接探究农业高质量发展的评价体系,只是从农业现代化水平(蒋和平,2005)、农业生产效率(黄少安,2005)等方面对农业发展水平进行评价,极大地推动了后续的农业高质量发展评价研究。匡远配和罗荷花(2010)开启了对现代农业发展评价体系的研究,他们基于所构建的"两型农业"综合评价指标体系,对长株潭地区进行实证分析,研究发现长株潭城市群"两型农业"处于初级发展阶段。在高质量发展作为现阶段中国经济重要特征的背景下,越来越多的学者开始聚焦于农业高质量发展评价体系的研究。有学者构建了农业可持续发展评价体系,并基于此评价了我国粮食主产区农业的可持续发展水平(赵丹丹等,2018)。随后,还有学者基于产业体系、生产体系和经营体系这三大体系对中国农业高质量发展的现状及困境进行了分析,进而构建了市场需求与数字技术相结合的推进农业高质量发展的分析框架(夏显力等,2019)。在此基础上,经过深入研究,构建了我国农业高质量发展评价体系,并以此对31省份的农业高质量发展进行了测度(辛岭和安晓宁,2019)。随后,有学者从内涵与要素展开研究,并构建了一套农业高质量发展评价指标体系,该指标体系包括产品质量、经济效益、科技创新、产业结构、绿色发展和社会效益六大方面,共 22 项具体指标,同时,利用层次分析法和熵权法,评价和排序了中部六省 2010—2017 年的农业高质量发展水平,并基于此提出了推进我国中部六省农业高质量发展的相关对策(谷洪波和吴闯,2019)。随后,有学者以江西省农业高质量发展为调查对象,在深入分析影响江西省现代化农业发展滞后因素的基础上,提出推进江西省农村高质量发展,应积极开展基础设施与智能装备再提升行动,促进农业现代化建设(彭柳林等,2020)。

(3)农业高质量发展策略研究

学术界对于农业高质量发展的内涵及评价的研究不断深入,部分学者开始关注农业高质量发展的具体策略。有学者认为,要推动农业高质量发展,需要培育出生产性技术服务主体,提供具有规模化的高质量农业科技服务,同时,在政府引导下加强对农村劳动力专业水平的培养,提升劳动力素质(石保纬等,2019)。也有学者将公证制度引入农业研究,提出应以农业主管部门为引领,组成由"农""消""公"等多方参与的协调机构(具体为农业主管部门、消费者协会、公证机构等),主要聚焦于突破农产品市场公信体系建设所面临的困境,进一步完善我国农业高质量发展的制度保障,推动农业大国转化为农业强国(张社梅等,2020)。因此,应注重从产地环境质量、产品供给质量、特色产业质量、融合发展质量、科技支撑质量、内外合作质量以及监测执法质量等方面着手,全面促进农业高质量发展(矫健等,2020)。同时,农业高质量发展应充分发挥优势产业的主导作用,努力提升农村产业融合发展程度,不断创新产业发展风险防控机制(王小艳,2020)。要降低农业经营主体的经营风险,就要积极采取多方面的措施提供保障,如构建和完善农业信息市场等,以便提高农业经营主体的技术偏好程度,提升农业技术水平(程士国等,2020)。

综上所述,当前学术界关于农业高质量发展的各个方面(内涵、评价、策略等)有着相对丰富的研究成果。先前学者的研究为我国后续深入探讨农业高质量发展具有较大影响,但这些研究并未将国家农业高质量发展的全新理念充分反映出来。当前,数字农业已经成为农业发展的新趋势,但是上述研究并未将农业高质量发展与数字农业有效结合,因而难以充分体现高质量发展的价值,亟待从数字经济出发,挖掘中国农业高质量发展的新引擎。

3. 数字农业和农业高质量发展关系研究

在数字农业与农业高质量发展研究的基础上,一些学者开始关注数字农业和农业高质量发展之间的逻辑关系。有学者认为,农业未来发展的方向应以现代农业为主,且农业高质量发展的工作核心应是广泛应用数字信息技术(如互联网等)推进先进农业。对农业高质量发展而言,数字农业不仅能够为其提供重要的信息化支撑,还能在农业资源优化配置、生态农业建设、农业发展模式创新等方面发挥关键作用,加快传统农业向现代农业的转变(王小兵等,2018;罗剑朝等,2019)。随后,有学者探讨了数字经济引领高质量发展的逻辑,并指出以数字经济引领高质量发展是一项系统性工程(刘钒和马祎,2019)。数字农业能够推动农业在技术层面、信息资源层面、农业服务方式层面朝着数字集成化和高度自动化、农业数据资源共享协作化、数字农业服务定制化方向快速发展,进而实现农业高质量发展(曹正勇,2018)。在乡村振兴战略的进程中,数字经济为新型农业产业发展模式以及组织形态提供了重要机遇,例如农产品生产追溯系统建设等,为高质量的有机农业增加了"数据"生产力,使农产品的附加值提升(高宏存和陈小娟,2018)。数字经济有助于推动农业生产的服务化、优化农业生产性服务新业态、推动农业产业集群的虚拟化、促进农业生产性服务业的专业化、推动农业生产性服务业的产业化和规模化,进而推动农业高质量发展(楚明钦,2020)。数字农业为农业高质量且可持续发展催生新业态,提供新动能。要完成农业经济发展由高速度到高质量的转变,就需牢牢把握数字化转型这一机遇,以数字化驱动发展,进一步完善农业标准体系,并重点推动"互联网+现代农业"全产业应用融合与电子商务模式创新等数字化转型发展(吕小刚,2020)。

目前,国内对数字经济引领农业高质量发展的研究已经取得一定进展。但是,大多数研究集中在宏观的角度对数字农业与高质量发展之间的关系进行论证,当前我国经济已由高速增长阶段转向高质量发展阶段,有效提高数字农业农村经济质量,是我国经济高质量发展根本要求在"三农"工作中的贯彻落实,是实施乡村振兴战略的必然要求,因此,在现代农业发展的过程中,数字农业高质量发展已成为亟须破解的难题,但现有对数字农业的研究,大多停留在定性分析阶段,对数字农业的评价体系研究也十分匮乏,鲜有学者聚焦于数字农业高质量发展的路径和策略进行研究。

4. 述评

综上,国内外学者对数字农业的研究为本书奠定了重要基础。数字农业从概念的产生到实践中的应用一直在不断丰富和完善之中,未来对数字农业的研究将呈现三大趋势:

(1)将注重对数字农业高质量发展的研究。当前我国经济已由高速增长阶段转向高质量发展阶段,数字农业高质量发展是我国经济高质量发展根本要求在"三农"工作中的贯彻落实,是实施乡村振兴战略的必然要求,因此,需要从理论层面研究数字农业高质量发展内涵及发展状况等问题;

(2)将注重对数字农业高质量的定量研究及实证分析。数字农业作为一种新型农业有较好的数字经济基础,应将数字农业高质量发展作为研究方向,运用定性与定量相结合的研究方法,构建评价指标体系及模型以便对各县域的数字农业发展水平进行测度,进而推动各县域数字农业高质量发展;

(3)将注重对数字农业全产业链的系统研究。现有研究主要集中在信息化基础建设以及数字技术在生产领域的应用,而数字技术应充分贯穿农业生产—加工—流通—消费全产业链过程,提升全产业链效率以实现数字农业高质量发展的目标。实现数字农业高质量发展是一项系统工程,亟须系统地设计其实现路径以及对策等。

基于此,本书将聚焦数字农业高质量发展,构建数字农业高质量发展评价指标体系,进而探寻数字农业高质量发展的实现路径。

三、研究思路及方法

(一)研究思路

首先,运用文献分析法整理数字农业相关文献,界定数字农业高质量发展的相关概念,阐释相关理论基础。其次,运用层次分析法构建数字农业高质量发展评价指标体系及实证分析。再次,运用案例分析法剖析我国数字农业发展状况。最后,运用系统分析法提出数字农业高质量发展的路径选择(见图 0-1)。

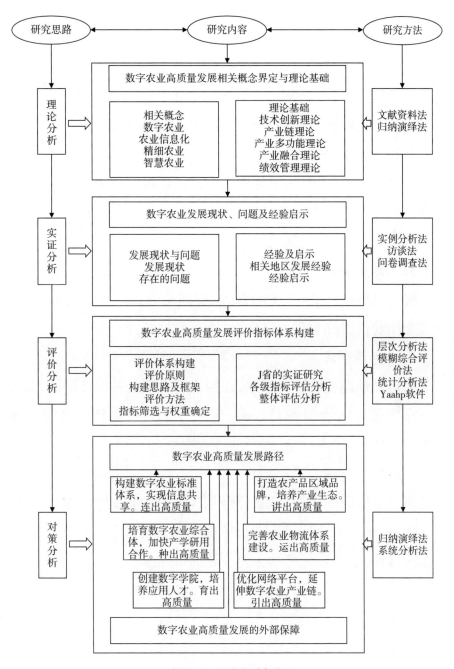

图 0-1　研究思路框架

（二）研究方法

1. 文献分析法

通过整理和分析国内外数字农业、现代农业、智慧农业、农业高质量发展等方面的研究文献，界定数字农业和农业高质量发展的内涵，分析成功的数字农业实践案例，总结其经验启示。

2. 深度访谈法

通过开展座谈研讨、实地调查方式访谈政府相关部门、企业及行业协会等相关负责人员，运用问卷调查方式，了解我国数字农业的发展现状、存在的问题及成因。

3. 问卷调查法

将通过现场发放、电子邮件、调查网站等途径发放问卷，在保证调查问卷信度和效度的基础上，进行数据统计和分析。

4. 实地调查法

确定区域调查样本的数量、访问人员的数量并设计路线，深入农户家中通过问卷调查对种植、生产、加工、销售环节进行实地调查。

5. 层次分析法

根据实地调查问卷、专家评分情况，在整理、归纳和统计分析的基础上，对相关统计指标进行梳理和汇总，并征询专家意见，增删指标，最终形成较为科学合理的评价指标体系。

第一章　主要概念界定与相关基础理论

　　数字农业被视为是一种新型农业,是在空间位置和现代数字技术的基础上形成的集约化农业和信息化农业。要构建数字农业高质量发展指标体系及分析发展路径,需要对数字农业相关概念和基础理论进行分析,本章主要从数字农业、智慧农业、精准农业、现代农业等方面对相关概念进行分析,并从多功能农业理论、产业链理论、产业融合理论、现代化农业理论和农业技术创新理论等角度分析相关基础理论。

第一节　主要概念界定

　　"数字农业"是"数字地球"理念在农业领域的应用。1997年,美国科学院、美国工程院两院院士发表的研究报告中分析了信息技术提升农业经济效益的巨大潜力。随后不久,数字农业进入了国内学者的研究视野。此后,学术界围绕数字农业、智慧农业、精准农业、现代农业等展开相关研究。

一、数字农业的内涵

"数字农业"一词最早出现于 1997 年，美国工程院、科学院两院院士讨论后对其概念形成统一认知，即"数字农业"被视为是一种农业技术，是在空间位置和现代数字技术的基础上形成的集约化农业和信息化农业。21 世纪，"数字农业"成为一种新型农业发展战略，并在经济、科技等领域掀起一股浪潮。"数字地球"的提出为"数字农业"的出现奠定了基础，不仅有利于农业现代化建设与"数字地球"的体系建设相结合，还有助于利用已有技术手段和资源设施，同时打破与其他领域之间的信息沟通壁垒。我国分别于 2002 年 11 月和 2003 年 3 月召开两次"数字农业"发展方向的学术研讨会议。参会学者也给出了其定义，即通过现代信息技术全方面促进农业绿色、健康、可持续发展，扶持现代化农业的必备科学支持技术。

我国一些学者给出"数字农业"的定义，缪小燕和高飞（2004）认为，"数字农业"的核心目的是通过尽可能少的成本投入，最终可以收获最大化的经济利益和最优质的环境效益。刘伟明（2009）将"数字农业"视为现代农业的核心所在，同时也把其作为现代农业数字信息化最具体、最适当的表现形式。张虹（2011）将数字农业界定为将农业与数字化、信息化相结合的农业，它是一种在现代信息技术驱动之下的农业。王利民（2018）等通过与我国传统现代农业概念进行综合比较后，对数字现代农业的基本概念体系进行重新界定，提出数字现代农业是在现代农业综合生产的各环节中全面深入应用现代数字农业信息化网络技术，将现代农业综合生产的数字信息化和网络化技术作为农业基础，将农业注意力主要集中在对现代农业综合生产的数字信息化技术管理上，从而达到提高现代农业综合生产力的科学发展管理水平、调整现代农业综合生产力结构,最终达到促进现代农业的健康可持续发展。田娜(2019)等认为,数字农业是通过将数字网络作为信息载体,依托大数据和云计算,集跨学科、多领域于一体,在不受地理位置和空间环境的约束下,形成高品质农产品的新型网络化生产模式。

通过对目前各国"数字农业"的阐述理解和探析总结,"数字农业"的内容由以下几个方面构成:(1)"数字农业"要求数字信息化在林业、种植业、养殖业等农业的全过程中得以实现,即使用二进制的数字并用数字模型表达演示农业的全过程;(2)"数字农业"要求农业全过程需应用各式各样的现代农业数字信息技术;(3)"数字农业"要求信息化与数字网络化管理需在农业的研究、生产、加工、销售等环节全方位、全面实行。

综合之前相关学者的研究成果,本书将数字农业定义理解为:以现代数字信息和现代网络农业知识技术为主要核心技术基础,通过大数据分析、物联网、云计算等将数字农业网络信息技术与数字农业相关技术成果进行有机融合,进而实现促进农业实现数字农业技术生产经营全过程的新型农业技术生产经营模式。

二、智慧农业的内涵

"智慧农业"最初于20世纪80年代由IBM公司提出的"Smart Planet"一词衍生而来。随着被赋予智能、独创含义的"智慧"在各个领域得以应用,"智慧农业"一词顺应时代潮流而生。"智慧"是基于人类生理和身体心理感觉器官的一种高级别的创造力和思维能力,是农业经济发展成长过程中的一种高级阶段,与此同时,它也确实代表通过农业现代化和数字信息技术不断促进农业产业自身的健康增长并实现可持续发展,力求不断扩大提升我国农业产业的核心竞争力。"智慧农业"是通过利用科学技术手段改变原有发展方式和运营系统从而实现自身发展创新的新型解决方案,因此,创新发展是"智慧农业"的核心所在。

2011 年,张侃谕教授旨在解决农业发展效益不高以及农业中存在的各种供求矛盾问题,提出"智慧农业"一词,在此之后,"智慧农业"成为一个具体的农业类语言,并成为农业领域中发展实现农业现代科技网络化的一个新兴产业。李道亮(2012)认为,农业现代信息化所包含的除数字农业、精准农业外,智慧农业也隶属这个范畴,它们都是现代科技与农业结合而生的,同时也是物联网、大数据等与农业融合发展到一定程度的新兴产物。李辉(2014)等认为,智慧精准农业技术是以现代信息技术为手段,以移动互联网平台为技术载体,在具有丰富操作经验的农业专家技术指导下,运用农业数字模型,进行农业数字化分析模拟进而作出精准的农业决策,在智慧农业研发生产经营全过程实现网络化、智能化、精准化,最终成功实现数字化、高效化和过程科学化的现代化农业发展目标。甘甜(2017)认为,智慧农业以互联网和物联网为载体,依赖于现代科学技术对农业生产全过程中的数据进行收集和整合分析,进一步加强科学技术手段与农业之间的深度融合,最终实现农业在生产、销售、加工、管理上的现代化与智能化。周斌(2018)是在综合以往专家学者的研究观点后,认为智慧农业是智慧农业产业链,将利用大数据、云计算物联网等现代信息技术作为重要支撑,将整个农业产业链中的产品生产、销售、消费、营销等环节融为一体,进而有效促进智慧农业技术生产良性循环增长、精细资源集约,同时使农业生产管理经营过程更加符合智能化。

现阶段,"智慧农业"多用于代表一种以互联网和物联网技术为核心,促进农业发展科学化、智能化发展的一种新型农业经营模式。智慧农业的核心理念在于打破传统的生产经营方式,利用互联网等现代科学技术手段更加高效地规模化生产农作物,在这个范畴中涉及对农作物系统的创新发展,与此同时,我国传统农业文化也会发生巨大转型,并可以应用于现代设施农业和温室农业。

总体看来,学者们对智慧农业的界定各有不同,本书将智慧农业定义为将互联网、物联网、大数据等现代科学技术集于一体,并运用感知器等其他软件,通过手机、电脑客户端对农业生产各个环节进行监督和管理,同时结合农业领域专家的在线技术指导,最终使全方位的数字化和智能化管理应用于农业全过程的一种农业经营模式。

三、精准农业的内涵

20世纪70年代,精准农业在美国出现。80年代初期,美国已经开始对精准农业的概念展开研究。90年代以来,尤其是在海湾战争之后,英国、美国等发达国家纷纷对精准农业展开研究。相比较而言,国内关于精准农业的研究并未完全形成一个统一化的认知,其专业名称也较为广泛,且大多由各种英文翻译而来,如精细农业、精准农业、精确农作等。

刘金铜等(2001)给出"精准农业"的定义:致力于实现农业绿色健康可持续发展,同时将生态系统理论知识作为基础支撑,并配置互联网技术、智能控制技术、物联网技术和精准变量投放技术,还包含"大农业"(农、林、牧、渔)全部生产加工环节形成精确化、细致化、集成化的农业微观经营管理的新一代理念。精准农业在特定区域中消耗最少的资源、放置最佳变量,从而高效发展农业,并对自然环境的污染最小,使社会、环境、经济、生态相互协调发展,最终为农业的可持续发展而努力。陈文强(2011)认为,精准农业是一种农业生产方法。这种生产方式以满足经济和社会环境的各种协同变化发展需求为经营目标,主要关键技术为农业计算机化、机器人的自动化以及工业农机具的系统建模和软件编程,同时还可以根据特定时间、位置、条件以及人们的使用意愿按期定量地完成经营目标,是一种适合微观经济管理的安全可靠和持续发展农业机械生产方式的经营管理手段。张皓臻(2013)认为,精准农业意味着有关作物生产环境、生长条件、每平方米空间以及空间位置的变化可以通过遥控感知、全球系统定位、地理空间系统和其他技术的实时信息获取,它可以精确地分析、模拟和管理作物的生长趋势、病虫害,同时有效利用并提供所需的空间信息。孙会芳(2020)认为精准农业也可以简称为精细生产农业,是现代农业数字信息技术、人工智能等新技术广泛应用于现代农业技术生产的综合体现。

综上所述,精准农业是在结合高级计算机技术与现代农业的基础上,通过生物医学技术、遥控感应技术以及生物医学技术所支撑的可以定点、定量进行生产与加工控制的优良、低耗、高效农业生产管理手段。精准农业在传统农业的基础上应用 GPS 系统、实时识别系统、网络系统和自动化控制系统等先进技术来确定农作物的周期、数量、灌溉传输和种子农药的正常使用,从而提高农作物产量。

四、现代农业

总体而言,人力、畜力和机械力组合作为传统农业所必须依靠的主要动力生产来源,耕作方式是传统农民世代相传的耕作经验文化积累;而现代农业则广泛应用了现代智能化耕种施肥技术、节水灌溉技术等各种现代科学农业技术,并将传统农业生产的耕作方式用各种现代科学农业技术代替,以高素质的新农人代替传统农民,并通过不断改变传统农业经营管理观念、引入现代管理方法,不断提高农业的标准化、数字化和现代化水平。

当前,尚且没有被广泛认可的现代农业标准。来自不同国家的专家结合各国情况给出不同的现代农业概念,虽然在表述上有所不同,但其核心理念是相同的,即一定时期、一定范围内具有现代先进技术水平的农业形式称为现代农业。舒尔茨(Schultz T. W.,1999)认为,农业的现代化是从传统农业向现代农业的过渡。周英恒(2007)认为,现代农业本质上是一个农业部门,在发达国家农业总产值中占重要比例,并基于公共观念、工业、劳资关系和支持来定义现代农业。现代农业的发展,有赖于生产组织和相应管理模式的建立和完善,即不仅是农民组织,还是建立在劳资关系基础上的产业组织和利益联系机制。王茂生(2009)认为,传统农业与现代农业之间的区别,并不是发展模式和管理方式不同,而是观念上的根本差异,这在当今农业中显而易见,现代农业已经突破了传统农业在栽培和繁殖空间上的局限,通过食品加工业、农产品的运输和销售,进而扩展到产前和产后,从而形成包括第一、第二、第三产业的产业组织框架体系。

综上所述,本书认为现代农业用先进现代科学技术改造传统农业,通过推进现代科学技术体系建设使传统农业达到现代化,通过创新现代农业管理方式有效促进现代农业的健康发展,实现农业生产配置资源现代化,并不断培养培有新农业理念的新一代农民的一种农业发展状态,现代农业的发展有助于提高现代农业的土地生产率、资源综合利用率和农民劳动生产率,进而不断提高现代农业的综合竞争力。

五、数字农业高质量发展的内涵

对于我国农业高质量发展的内涵,学术界尚未就此达成统一。张伟(2018)指出,农业高质量发展的本质是较高水平的产业总体素质与效率。吴沛良(2018)提出应将农业高质量发展目标聚焦于五个关键方面,即农业高质量的绿色农业技术投入品研发使用、农业相关科学技术创新成果推广、农业自然资源综合利用、农业技术改革创新与绿色农产品技术供给。赫修贵(2019)强调,我国农业高质量持续发展的最终目标就是以先进科学技术为手段,生产高品质的绿色农产品,调整农业产业组织结构,引导农业全面转向绿色和创新型发展模式,提高我国农业收入。

目前,我国国民经济已加速转向高质量发展的新阶段,农业作为基础产业,对国民经济发展至关重要。我国现代农业发展也应加速转向高质量发展的新阶段。农业高质量发展的基本要求体现在:提升现代农业产品优质化、绿色化、品牌化等方面,这不仅是要提高农产品质量、提升农业产业综合素质及市场竞争力,同时还要提高生产经营社会效益,稳定农民收入。

广义而言,农业高质量发展体系主要包括:促进农业资源供给需求体系结构质量性、农业产业持续发展体系质量性和促进农业资源结构优化布局合理质量性三个组成部分,农业高质量发展的根本素质评价衡量标准以各种农产品销售质量评价为主,尤其指与广大消费者密切交接的各种农产品销售质量,不仅要求各种农产品质量达到高标准的品质要求,保障广大消费者的安全与健康,又对各种农产品的商业附加值与农业文化精神内涵等都有一定的价值要求,使其质量可以快速地应对市场需求的不断变化。农业实现高质量发展是基于全产业链的视角,要求我国农产品的供给和需求结构要与各个区域性资源要素的禀赋相适应,以较少的生产成本换取其他生产要素的最优组合,同时也意味着在推进农业发展过程中,要始终坚持标准化生产、全过程监督与生态化发展。

综上所述,学者对于高质量发展的内涵界定尚未达成统一,基于此,本书将农业高质量发展定义为:对农业生产过程进行资源整合利用、现代技术创新,最终达到最优的农业生产结构。

数字经济给乡村振兴战略的深入实施注入了新的生命活力,极大地推动了我国现代农业技术发展的新模式、新组织形态的形成。在农产品生产环节,充分利用生产追溯系统与对生产过程进行监管,提升其生产能力和农产品价值,使我国现代农业技术转型升级成为高品质的生态农业。此外,部分学者考虑到当地智慧城市与美丽乡村建设的相互作用与发展,认为当地的数字经济对其具有积极推动作用,极大地促进了农业高质量的发展。在此基础上,一些学者开始关注数字农业高质量发展,汤潇(2019)根据贵州智慧旅游、蚂蚁金服、智慧健康医疗等理论与实践,深入地分析了数字经济如何促进城市建设的重要性。同样地,"淘宝村"与"淘宝县"共同打造形成的"产业带",实现了线上商品批发市场,有助于促进县域传统产业的现代化发展,也为精准扶贫贡献了力量。对数字乡村建设而言,李玉清(2019)指出,数字经济可以为推动农村一二三产业深度融合提供一些途径和发展方向,要高度重视理论学习、进一步做大农产品深加工业、强化对新兴产业和农民服务业态培育,促进数字农业和服务行业深度融合发展。

　　基于上述分析,本书将数字农业高质量发展界定为:基于农业与现代信息技术的深层次融合,在农业全产业链提高资源利用率,进而实现对农业产业结构与农产品质量的高度优化。

第二节　相关基础理论

　　数字农业高质量发展涉及农业的多功能性、农业产业链以及现代农业等多个领域,因而,多功能农业理论、产业链理论、产业融合理论、现代化农业理论和农业技术创新理论为数字农业高质量发展奠定了重要基础,本书对相关基础理论进行了着重分析。

一、多功能农业理论

　　20世纪90年代,日本科学家将稻米种植和文化遗产结合起来,创造了一种"稻米文化",农业多功能性的概念被首次提出。1999年,联合国国际农业会议正式认可了农业多功能性概念。农业的多功能性指农业一方面具备提供粮食的功能,另一方面具有社会、经济、生态、文化等其他功能。其中,农业的主要功能是经济功能,指的是将农副产品提供给社会,将原材料提供给工业,以确保国家粮食安全,与此同时满足人类生存与发展需要的农业。此外,还包括提供与农业有关的服务(如休闲旅游)和农业研究服务(如教育)的经济价值。社会功能主要指农业作为社会生产部门,能容纳劳动力就业和提供生活保障。农业产业链各环节多是劳动密集型产业,吸纳就业能力强。生态功能主要指农业在支撑和改善生态环境的作用,绿色植物在转换和储存太阳能的过程中促进生态平衡。文化功能主要指农业在保存农业文化遗产、农村文化以及促进文化多样性中的作用。农业的各种功能并不是单一独立而存在的,而是各种附加功能之间的相互依存、相互推动和相互制约。

多功能农业的挖掘、利用和发展是促进农业与第二产业和第三产业融合的重要手段。多功能农业已成为发展现代农业产业体系不可或缺的选择。在深化农业分工的过程中,促进农业多功能发展已成为现代农业发展的主要方向。多功能农业引入了农业服务业、现代农业产业体系、绿色加工业、创意农业等方面,并将生态旅游纳入多功能农业系统,以促进农村发展系统知识的转化和升华。这不仅是实际发展的需要,也是科学研究的使命。只有这样,才能为多功能农业、乡村旅游、农村可持续发展作出系统的贡献。作为农业综合发展的新理念,多功能农业已成为各国推行农业政策的坚实基础。欧盟国家以及日本、韩国和其他国家正在积极倡导发展多功能农业。多功能农业在设计和开发过程中正在不断塑造和丰富农村多功能性,实现了生态经济系统提供的各种服务的巨大价值。

综上所述,在文献研究和社会实践的基础上,多功能农业主要由三个部分组成:农业自然资源、农业生产过程和农业副产品。就本书研究的主题而言,数字农业高质量发展的本质是农业实现产品质量高、产业效益高、生产效率高、经营者素质高、农民收入高、绿色水平高、国际竞争力高的发展状态。农业的多功能性指农业一方面具备提供粮食的功能,另一方面具有社会、经济、政治、文化等其他功能,因此,要实现数字农业高质量发展,就必须充分考量农业的多功能性,要构建农业高质量发展路径,需要从农业主体、农业物流、农业环境等多个方面构思,因此,多功能农业理论为本书研究奠定了一定的基础。

二、产业链理论

产业链描述了在制造商品和服务时出现的增值过程,并记下了商品和服务消费的所有阶段。货物在整个产业链的终端被消费,工业的最终价值分布在产业链的所有环节中,工业价值在沿着产业链的转移过程中使附加值最大化。产业链是指一个企业各个部门之间的不同排列和组合,这也就意味着,在经济活动的框架内,相关产业之间存在广泛、具体、复杂的科技和经济联系,这些产业已经形成了与每个产业密切相关的经济,至此,整个经济活动基本上都与产业有关联性。农业产业链是指由产业集群组成的网络结构,与初级农产品的生产紧密相关,即农产品的产前、产中和产后过程。在实际应用中,它转化为各种农业商品链,例如棉花产业链、大豆产业链、养猪产业链等。

分析产业链的目的是在数字农业的背景下将农业产业链的所有环节连接起来,以促进所有环节之间的融合和共生。从垂直的角度来看,数字农业从农田到餐桌,每个环节都有巨大的利润。从水平的角度来看,数字农业参与了农业原料市场,有助于改变产业链顶端的农业原料"生产者"之间的关系。工业中互联网等农产品的智能化生产和管理,导致了农业生产技术、农产品质量以及农产品附加值的提高。农产品电子商务的兴起改变了农产品的消费方式,改善了农业消费者的体验,实现了个性化的安全消费。从本质上来看,产业链是自然资源在不同工业部门之间的整合过程,如集中、运输和加工，以及逐渐将组件转移到总体产品中、最终转移到消费者手中。这反映了企业的横向扩张和横向扩张所产生的再扩张，也就是说，链条不是唯一一个，而是一个多样而复杂的连通性模式。产业链不仅关注整个链中的外部和外部价值的传播，也关注不同行业之间一系列材料和能源的转移和转换。因此，我们必须致力于数字农业各方面的全面进步，扩大产业链，实现数字农业的发展和深刻转型。

17世纪中后期，西方古典主义经济学家亚当·斯密（Adam Smith）在他的产业分工经济论文中首次明确提出了"产业链"的基本概念。马歇尔（Marshall）将分工的思想应用到企业间合作的产业链理论上。随后，荷利汉（Houlihan）、史蒂文斯（Stevens）、哈里森（Harrison）还研究了宏观角度的分工和专业化，并扩张了供应商、中间商和消费者的供应链，以支持供应链和价值链。中国学者贝琪是第一个正式定义"生产链"的人，并将其理论应用到海南岛热带农业研究上。随后，研究扩展到工业、资源、文化、通信、后勤和旅游等领域。龚勤林（2004）曾经提出，产业链主要包括两个层次的产业链连接和一个产业链延展两个维度，它们主要是基于特定逻辑关系以及特定时间与空间之间关系在各部门之间形成的一种客观链状关系，产业链的延展必须要正确处理好价格上涨、经济动因等方面的问题，例如一个产业链的市场需求是否具有一定的经济性和动力，并积极应对寻求解决的对策。卢明华、杨晓兵（2004）认为产业链是产业相互竞争、展示优势的重要工具，为政府战略决策提供了新的思路。蒋国军、蒋明信（2004）在价值链理论、产业集群理论和战略联盟理论的基础上，对产业链理论和产业链稳定机制进行了研究，提出了包括定价机制、利益调节机制和信任沟通机制在内的产业链稳定运行机制。

通过文献研究可以看出,我国产业链理论的发展与研究大致可以分为五个阶段:

第一阶段:1992年以前(七五时期)。姚齐源等(1985)在确定区域利益最大化战略目标的基础上提出了战略决策,并选择了相应的战略发展方向、结构调整方向来实现这一目标,进而制定了产业链发展的协调规划。张文和(1988)首次提出,产业链原则应被作为重大战略性产业集团的战略选择原则,并因其产品的特殊性而重点关注工业部门之间的联系。产业链的长度因生产方式和技术的复杂性而异。对于产业链较长的行业,其发展可能会带动更多行业的发展,产生乘数效应。

第二阶段:1993年至2000年。傅国华(1993)对海南热带农业的发展进行了研究。明确强调围绕特定初级农业产品和价值链的运作模式。建立农产品"生产—加工—销售"或"生产—运输—销售"产业链条,我国农业的产业结构按产业链条的逻辑发展,因而,我国产业链理论最早应用在农业,对农业产业链开展研究的文献逐渐增多。

第三阶段:2001年至2005年,即我国加入世界贸易组织和"十五"期间,是产业链理论快速发展时期。虽然农业一直处于全国经济发展的首位,但从产业结构的比重看,现代农业、工业和服务业是13%、51%和36%,行业的转型和升级压力较大,并形成比较优势和区域优势。

第四阶段:2006年至2010年("十一五"时期),在"十一五"发展战略规划研究报告中,主要发展目标之一就是加快促进我国城乡服务产业结构的良性调整与结构优化,加快增加城乡服务业收入比重,增强其国家自主创新研发技术创新能力,加快建立一批具有相对较高的国内国际市场竞争力,拥有完全自主研发知识产权的国家先进型科技优秀企业。

第五阶段:2011年至今("十二五"至"十四五"时期)。这是中国经历"十二五"规划、"十三五"规划、正式进入"十四五"开局阶段的重要发展进程。一方面,中国正面临经济高质量发展方式的调整,经济持续多年高速增长。另一方面,也面临互联网带来的产业转型升级的机遇。

由此可见,我国产业链的发展与研究大致可以分为五个阶段,在农业产业链中,农业产业链是由产业集群组成的网络结构,与初级农产品的生产紧密相关,即农产品的产前、产中和产后过程。

三、产业融合理论

产业融合是一个充满活力的过程,是一个或多个产业中的不同行业的渗透、整合并重塑形成新的工业形式的过程。随着竞争格局的不断发展演变,产业边界变得越发模糊。因产业之间的相互关联,推动工业一体化的因素往往涉及多个方面,如:技术创新、竞争与合作、跨国公司发展和去监管化等。工业一体化的引擎是技术创新。在上下游行业使用新技术的同时,通过企业之间的交流和合作,实现产业一体化。它还可以改变市场需求的特征,为工业一体化创造空间。在竞争性市场环境下,企业越来越需要研究和应用新技术来满足市场需求,使它们保持竞争优势。当公司具有技术竞争力时,公司将积极寻求与其他公司的合作,整合商品、市场和技术中心,保持可持续的竞争优势。从跨国公司的角度看,技术和市场可以与相关行业一样有效地融合。此外,促进创新的政府政策有助于加速产业融合。不同行业的进入壁垒不同,而政府监管也是不同行业存在壁垒的主要原因。

在产业融合领域,学者们首先从技术角度进行了产业融合研究。美国研究员罗森伯格(Rosenberg)研究了美国机床工业的发展,发现了"技术融合"现象,即:同一技术在不同行业中传播。欧盟委员会"绿皮书"把整个产业的整合概念定义为三种视角上的整合:技术网络平台、市场与服务以及行业联盟与兼并。产业整合主要指将新技术应用于各类产业,促进其相互融合,从而促进和发展新兴产业或综合制造工程。这种整合有助于充分利用优势、打破行业壁垒和边界,从而促进工程行业在新领域内的发展,产生新的商业模式,并形成新的社会经济增长点;同时,它也被认为是可以扩展的产业链。随着现代信息技术、人工智能等在先进技术农业生产和开发领域的逐步应用,开放集成、高效、高科技和市场导向的知识、信息、智能、技术等生产经营要素已经形成。产业一体化促进产业链继续向加工、销售和服务的整合方向扩展,从而导致农业生产和管理模式的改变。

农业与第二产业和第三产业之间的融合通常以农业为基础。第二产业和第三产业在传统农业产业领域中结合,以促进农业经济持续发展。随着农村一二三产业融合政策的实施,出现了休闲农业、旅游农业和智能农业等新的产业形式,这也促使农民拥有更多的就业机会。

产业资源整合组织是我国经济社会发展的重要实例,是各种新兴产业整合组织的重要表现形式,世界新兴产业的发展和高技术背景下的产业更能提高产业的生产力、市场的综合竞争力。技术创新仍是推动我国新兴产业资源整合的强大内部动力。技术创新主要是企业发展中不能被替代或与核心技术、工艺等密切相关的核心产品、服务,并通过这些技术的间接渗透和技术扩散直接进入其他服务行业赋予了企业强大的创新动力,促进了整个产业技术的融合。在瞬息万变的市场竞争环境中,企业将不断寻求发展与扩展,继续努力实现技术创新,并进一步探索更好的方式满足广大消费者的需求,以达到实现盈利最大化的目标,维持其竞争能力。为了能够在市场竞争中寻找长期的市场竞争优势,企业提供各种方式来满足他们需求的途径和方法,他们将进行一些合作,并通过这些合作产生一些创新以达到一定程度的整合。农村一二三产业的整体发展,使休闲农业、旅游农业、采摘农业、"工业化农业"、计算机化农业等新型的产业模式在农业农村快速发展,实现生产、加工、销售一体化的新型产业模式以及农业、工业和服务业的一站式发展模式,从而为农民提供更多的就业机会,扩展农业产业的价值链,并实现最大化地发展农村经济。

四、农业现代化理论

农业现代化理论源于20世纪60年代。舒尔茨在《改造传统农业》中指出,发展中国家要促进传统农业市场经济的快速发展,必须注重对传统农业进行改造,使之向现代农业转变。农业信息技术的发展使得大数据、人工智能和互联网已经成为推动我国农业现代化的新元素和新基础设施。韩长赋(2018)指出,农业发展正面临巨变,农业发展的根本方向是现代化,数字生产已经成为传统农业的新元素。农业现代化的发展建立在现代化发展基础之上。农业现代化理论的发展主要经历三个过程。

（一）经典农业现代化理论

经典农业现代化理论强调农业的机械化、化学化和水利化的特征。经典农业现代化理论的代表性学者是舒尔茨，他在《改造传统农业》中强调各种农业技术在农业生产中的应用，并鼓励农业、化肥和生物技术的应用以确保劳动生产率。希克斯（Hicks，1932）也是经典农业现代化理论的代表性学者，他的诱导创新理论已成为农业现代化理论中的重要内容。速水佑次郎和拉坦（1971）在《农业发展：国际前景》中首次对农业现代化进行综合性研究，认为农业现代化在农业经济发展中是不可或缺的一环，并强调农业领域的科学技术创新对农业经济发展至关重要。

（二）生态农业现代化理论

随着社会经济的发展，经典农业现代化理论的弊端已经逐渐显现出来，传统的农业现代化仅依靠农业生产投入来促进现代化。生态农业现代化理论认为，农业现代化不应仅局限于机械化、节水化和工艺的化学性改善，而应该考虑自然界的变迁、转变以及和谐发展。研究人员已开始探索农业现代化的新发展模式，即：生态农业。生态农业现代化理论强调农业现代化过程中的生态效益，经济利润则充分考虑了生态环境的维护和农业实现可持续性。此时，出现了几个新名词，例如生态系统农业、有机农业、适应性农业和可持续农业，从而也产生了一些支持理论。这些理论均认为，只有注重生态，农业现代化才能成为合理的现代化模式，否则，必然会导致现代化发展的本末倒置。

（三）知识农业现代化理论

知识农业现代化理论强调，农业发展过程离不开知识，现代农业已进入基于知识为特征的新阶段。现阶段农业现代化的主要特征是信息化，基于先进技术和知识诞生了诸如精确农业、在线农业和基因农业等新名称。可以推断，农业现代化的进步也是一个由低到高的不断演变的过程。知识农业现代化理论强调，农业发展的各个阶段证实了农业现代化进程中离不开知识要素。

五、农业技术创新理论

许多研究人员对发展中国家的农业发展和农业转型进行了理论研究和实证分析。舒尔茨（1987）认为，农业生产中需增加新的生产要素，以加快传统农业的发展。我国农业正处于现代化转型时期，有效利用农业新技术必须与供需结合起来。

技术创新在创造社会资源、带动经济发展中至关重要。马克思在《资本论》中强调，技术是现代化的物质方式和手段，也是现代化生产的一个必须条件。他的后期研究转向了技术、科学、经济学和社会问题。在发展现代工业生产经济学研究的过程中，自然能力与自然科学相结合应用到了大规模的工业生产中，从而极大地增加了劳动生产率。工业生产的早期阶段，科学技术起着决定性的作用。这种观点更加强调了技术创新推动社会生产和需求的重要作用。

总之，关于技术创新理论的研究可以总结如下：科学工程技术的持续发展与进步直接关系整个中国社会主义市场经济的持续发展，采用科学工程技术的农业生产与进步也直接关系到农业市场经济发展。这些基本论点和观点对研究促进我国现代农业技术创新，促进我国现代农业集体生产与发展农业集体经济来说具有十分重要的现实意义。

约瑟夫·阿罗斯·熊彼特（Joseph Aros Schumpeter）于1912年首先在《经济发展理论》中提出了"创新理论"。他所理解的一个创新点就是在技术上建立了新型的生产职能，从而把"新组合"引入到新型的生产体系。熊彼特对创新的理解实质上就是技术与体制的创新。熊彼特认为，技术创新直接决定了市场经济的增长速度，其中起重要决定性作用的不仅包括资本和内部劳动力，还包括其经济发展的动机和内部资源状况，综合起来改变了经济发展的方式和步伐。

农业技术创新理论反映了农业经济增长中资源和文化的丰富性、技术和制度的整体平衡，以及发展中国家和发达国家对农业增长的一般解释或方向。发展中国家不完善的市场条件、严重的市场失灵以及私人成本和社会成本之间的矛盾等经济条件促使人们选择优化农业技术。因此，政府应明确要求提高稀缺资源的配置效率，弥补生产要素的不足，这是政府在农业和技术创新中的积极作用。农业技术创新理论将技术创新理论引入农业领域，对农业发展和农业转型进行理论探讨和实证研究。

六、农业可持续发展理论

可持续发展的含义是"发展不仅能满足现代人的需求，而且不会损害他们满足子孙后代需求的能力"。可持续发展的生态学理论认为，人类的社会经济发展应遵循生态学发展规律。人口容量理论认为，在社会和经济发展过程中，必须控制人口增长和重要活动,使地球能够承载资源和环境。否则,它将损害人类的可持续发展。因此,可持续发展理论研究可以为本书研究提供理论指导。

可持续发展理论是促进农业循环经济发展的重要理论基础。在发展过程中,它严重依赖生态环境,并且对生态环境的变化非常敏感。整个社会的经济发展离不开农业经济的健康可持续发展。研究者很多年来一直都在思考传统的大规模经济增长模式,丹尼斯·米多斯(Dennis Midos)的《增长的极限》促使他们开始更加密切地关注自然资源的消耗及其对生态环境、经济发展的直接影响。世界环境与发展委员会(1997)正式发表了一份研究报告《我们共同的未来》,正式宣称其倡导可持续发展概念,这无疑是世界可持续发展理论进程中的一个重大进展①。以《我们共同的未来》而举世闻名的美国瑞典首席经济学家布伦兰德夫人认为,可持续发展经济是一种现代社会主义经济体系发展的新模式,不仅可以充分做到满足我们当今世界各国年轻人的基本生活和经济需求,而且也不会严重损害我们及子孙后代的基本生活和经济需求。可持续发展是以保护自然资源和生态环境,促进经济发展以及改善人民生活质量的基本目标为前提,进而探索社会、人口和经济协调发展的理念与模式。

可持续发展理论探讨了自然资源、生态环境和社会经济发展相互作用的规律。我国的经济和社会发展与其资源、环境之间有一种相互依存、相互推动、相互制约的密切联系,经济发展需从根本上寻求解决我们人类社会的生存、发展中面临的各种生态、环境等问题。自然资源和生态环境不仅是人类社会生产活动的物质和

---

① 世界环境与发展委员会:《我们共同的未来》,吉林人民出版社 1997 年版,第 12 页。

能源基础,也是人类经济社会赖以生存的基础性环境。由于大多数自然资源不可持续再生,因此,需要人类积极追求可持续发展。社会出于对环境的敬畏,对自然资源的合理利用以及生态环境的有效保护成为人类经济社会发展过程中非常重要的一部分。在经济全球化背景下,面对区域经济发展差距的扩大,中国应积极促进农业现代化发展,必须摒弃发达国家"先污染后治理"的传统方式和路径,努力推动新时期工农业和经济建设积极走资源节约型、环境友好型的可持续发展之路,在推动农业建设现代化的同时也积极地走新时期的可持续农业和现代化之路。可持续发展理论是促进循环型农业和现代农业发展的重要理论依据。

农业的可持续发展理论最早始于 20 世纪 80 年代后期,当时世界经济合作与发展组织已经提出了"2000 年粮食:向可持续农业过渡的全球政策"。然后,在 1991 年的国际农业与环境会议上,粮农组织肯定了我国农业的健康和可持续性发展。该理论主张采取节约资源和保护环境的手段,以确保不断地满足当前及未来后世子孙的农产品生活需求。这种可持续农业是防止环境破坏,应用适当技术,维持经济发展并实现社会认可的农业发展方式。可持续农业发展意味着提高农业生产率,确保粮食生产,增加农民收入,保护生态环境以及合理利用农业资源,满足经济发展和人民生活的需要。

第二章　数字农业发展现状及问题

近年来,数字经济发展问题在我国受到高度关注。党的十九大报告提出要以"数字中国"等为目标,积极推动大数据等数字技术与实体经济深度融合,加快推进农业数字化、网络化、智能化发展。《全国农业现代化规划(2016—2020 年)》提出"我国农业数字化、信息化发展,应强化现代信息技术与农业生产领域的深度融合,推进土地、农作物、水资源及主要农产品等实现联网监测,健全农业生产信息智能预警与服务体系,提升农业生产全过程信息化水平"。2020 年 1 月 20 日,《数字农业农村发展规划(2019—2025 年)》中指出,现阶段是推进数字农业农村的战略机遇期。鉴于此,深入了解我国数字农业发展现状显得尤为重要。

第一节　数字农业发展现状

一、数字农业关键技术研发初见成效

当前,数字农业关键技术包括 3S 技术,即 GPS(全球定位系

统)技术、GIS(地理信息系统)技术及 RS(遥感技术)技术;农业信息获取与监测技术,如 TDR 土壤水分测量技术、用以识别土壤内有机物含量及病虫害苗情的光谱传感器技术、图像处理技术、电子系统信息采集技术(电子舌、电子鼻)、电子监控技术等;农业模型技术,包括模拟农作物生长过程模型、模拟农作物生长环境模型(土壤、光照、水分、养分)、模拟动物生产过程模型等;虚拟农业技术,其本身虽然不能用于作物生产,但其可用于指导农业领域的现代化生产全过程,主要包括人工智能、虚拟现实及可视化、计算机网络技术、农业数据库系统、专家系统等多项内容,其具体发展情况如下。

(一)3S 技术与自动化农机技术

3S 技术作为发展数字农业的重要支撑技术,为农业生产过程的规划、设计、管理、决策、控制等提供精准信息,在农业领域的应用优势十分显著。3S 技术也是数字农业的核心技术。

1. 遥感与遥测技术

遥感技术首次应用于信息采集和动态监测出现在 20 世纪 60 年代,伴随带有遥感地表特征卫星的发射及空间站正式建立,遥感技术在信息获取与实时监测方面作用凸显。依托植物与土壤对阳光反射的光谱分析,20 世纪 70 年代,美国陆地卫星(Landsat)系列卫星得以问世,其主要用于土壤湿度的感测。这种技术可以对各类农业的生产信息,如作物耕种、灌溉施药、病虫害、作物生长情况等,依托广域网向农户发送信息,农户在得到信息后可以及时采取相应措施,提高农业生产效率效果。

我国自"六五"期间开始使用卫星遥感进行农作物产量预报,

实时监测作物长势。在"七五"期间,国家气象局为探求周期短、价格低的卫星遥感估产方法,在北方 11 个省市进行了冬小麦气象卫星综合测产,建立了冬小麦气象遥感估产运行系统。京津地区的冬小麦估产试验由农业部率先进行,后期又在杭州、嘉兴等地开展了水稻遥感估产,后又对北方 6 个省市对小麦实施了遥感估产试验。经过长期的气象资料搜集,以遥感系统为检验工具,构建基于遥感参数与作物产量为变量的不同地区回归模型,整个"七五"期间,为国家减少粮损超过 33 万吨,累计经济效益达 20 亿元。"八五"期间,国家将农作物遥感估产列为科技攻关课题,由中国科学院主持,农业部等 40 个单位参与,开展农作物遥感估产试验研究,建立了大面积遥感估产运行系统,解决了部分关键技术问题。1995 年,中国科学院创建冬小麦卫星遥感动态监测系统。20世纪 90 年代开始,农业部已经多次联合全国科研部门,利用遥感技术实施农业资源和农情动态监测的技术研究,在长三角、东北、华北等地对冬小麦、玉米、水稻等农作物开展遥感估产,建立遥感估产运行系统,并于 2002 年正式投入使用。

现阶段,我国在水稻、小麦、玉米、甘蔗、棉花及大豆等重点农作物的卫星遥感估产与农情监测等方面已取得骄人成绩,持续开展对主要农作物的生长情况、种植面积、灾害预警、土壤及养分墒情监测,农作物遥感估产已具备一定的实用化水平。

2. 自动化农机技术

在农业生产的各个环节,应用自动农机化技术对提高农业生产效率具有极大的促进作用。如借助计算机分离技术将大豆秸秆与果实分离,再结合不同种类的大豆,通过编程实现大豆秸粒的高效分离。20 世纪 80 年代末,伴随世界电子信息技术的发展和渗透,农业机械自动化技术水平进一步提高,新型农业装备技术的产生与普及,以及过往基于信息技术进行作物生产管理系统的快速发展,为精细农作技术在现代农业的广泛应用打下了坚实的基础。作为精细农作技术的主要设备支撑,如作物播种机、施肥灌溉设备、施药设备、谷物收割机等在国外发展已经较为成熟,且可进行量化生产用于出口。我国对农业生产相关技术与设施也投入了大量人力、物力,如用于记录作物质量、总结作物生长规律的计算机视觉技术,但在农业生产过程中应用效果并不理想,有待进一步完善,亟须研发与我国农业生产实际情况相适应的技术与设备。

3. GPS、GIS 与自动化农机一体化技术

随着智能型农业设备步入商品化发展阶段,农户不再满足于简单农业机械的供给和使用,而是将目标转向大功率和高稳定性的大型农业机械。如英国、美国等国生产的谷物联合收割机,其自带 DGPS(差分全球定位系统)及自动计量产量等高新技术,该机器在进行作物收获时,依托已安装的监测接收机,以秒为单位将空间位置及对应的区域作物平均产量信息进行存储,进一步提高定位精度,并通过与 GIS 相结合,绘出相应的区域作物产量分布矢量图。随着 GPS 定位技术的日趋成熟,DGPS 定位系统也得到快速发展,其与农业的结合度也随之增高,将 DGPS 与智能化农业机械相配套,使之应用于土壤、作物长势、病虫害、旱情等农业信息的采集与定位工作,减少定位误差。GIS 是在计算机软硬件系统支持下,对有关地理空间属性数据进行采集、存储、分析、处理和描述的技术系统。在农业领域,GIS 主要应用于土壤中含作物生长所需养分、病虫害监测和控制、气候生态资源管理和实时作物产量等信息数据库的分析处理,为农业资源信息的获取、管理和分配提供决

策支持。

(二)农业模型技术

农业模型本质上是对农作物生长发育规律及原理进行客观研究的一种模拟形态,它的成功开发与应用充分促进了作物生长发育规律由定性描述向定量分析的转化过程,使农业科学从经验水平提升到模拟现实水平,为精确农业与数字农业的研究和发展提供了科学工具。

农业模型的研究与应用,欧美等国的发展速度领先于中国。基于此,在农业植物模型方面,我国学者通过借鉴和引进国外成熟的农业模型,在调整至适合我国作物生长环境的基础上,自主构建作物的虚拟生长过程模型。于合龙基于优化后的 BP 神经网络集成方法,建立了作物精准施肥模型[①]。刘岩等通过田间试验,建立了水稻叶片主要几何属性模型[②]。严定春等运用系统分析方法建立了数字化玉米生长模型[③]。刘铁梅等建立了油菜一生中各器官干物质分配指数随生育进程连续变化的动态模型[④]。杨月等对引进的 3 个小麦生育期模型进行比较研究,分别检验小麦在不同播种时间、播种地点、种间距离和极端条件下的生育情况,结果表明,3 个模型在正常环境下的检验结果并无较大偏差[⑤]。随着 3S

---

① 于合龙:《精准农业生产中若干智能决策问题研究》,吉林大学 2010 年博士学位论文。

② 刘岩、陆建飞、曹宏鑫、石春林、刘永霞、朱大威、孙金英、岳延滨、魏秀芳、田平平、包太林:《基于生物量的水稻叶片主要几何属性模型研究》,《中国农业科学》2009 年第 11 期。

③ 严定春、诸叶平、李世娟、于向鸿:《数字化玉米种植管理系统研究》,《农业网络信息》2006 年第 11 期。

④ 刘铁梅、张琼、邱枫、刘铁芳、谢国生、曹凑贵:《油菜器官间干物质分配动态的定量模拟》,《中国油料作物学报》2005 年第 1 期。

⑤ 杨月、刘兵、刘小军、刘蕾蕾、范雪梅、曹卫星、朱艳:《小麦生育期模拟模型的比较研究》,《南京农业大学学报》2014 年第 1 期。

技术的发展日趋成熟,通过 RS 和 GIS 与作物模型相结合,作物模型的应用范围得以进一步扩展。

(三)温室自动控制技术

温室自动控制技术是专门为农业温室、环境控制、气象观测而研发的作物生长环境控制系统,其可依据作物生长所需环境要求,自动控制通风、卷膜、补光、灌溉等设备运行,自动调控温室内环境,为作物生长提供适宜环境,也是实现数字农业的关键技术之一。温室自动控制技术研究最早源于 20 世纪 70 年代,起初是通过模拟式的组合仪表,对现场信息进行收集、记录和控制。我国关于该项技术的研究开始于 80 年代,农科院农业气象研究所将温室与计算机技术相结合,借助 Windows 系统形成了对温室的控制与管理系统。到 90 年代中后期,我国已具备自主研发部分温室环境控制系统能力。1996 年,江苏理工大学成功研制了植物工厂系统。1997 年以后,以中国农业大学为首的部分高校也在温室环境自动控制技术方面取得了一定成就。现阶段我国温室环境自动控制技术已经发展到自主创新、广泛应用的阶段。

(四)专家系统

专家系统又称智能系统,是配备有 3S 技术的数字农业的关键决策支持工具。专家系统通过运用人工智能技术,并集成信息网络、地理信息系统、优化模拟、虚拟现实等多种现代化高新技术,汇集农业领域知识、经验等,模拟专家解决农业相关问题,为农业生产管理提供信息咨询服务,指导作物科学种植。在我国数字农业的研究中,有关专家系统的研究起步较早,且已取得一定成果,并广泛应用于水土保持、作物栽培、施肥灌溉、病虫草害防治等领域。如中国农业大学研发的作物病虫预测专家系统;中国农业科学院蚕桑研究所与浙江大学共同开发的蚕育种专家系统;河北省的冀北小麦专家系统。20世纪90年代以后,专家系统进入迅速发展阶段。1998年,全国农业信息化技术工作会议明确表示:农业信息技术的突破口就是农业专家系统。到了21世纪,随着计算机网络技术的进步,专家系统的开发速度随之加快,所涉领域也更加广泛。如李佐华等开发研制的温室番茄病虫害、缺素诊断与防治系统[1];米湘成等开发的南方水稻栽培专家决策系统[2];陈桂芬等研发的玉米精确施肥专家系统[3];何萍等研发的作物养分管理专家系统,在全国多地开展试验工作,均取得成功[4]。目前已开发的病虫害防治、精准施肥、作物养分管理等专家系统均能有效应用于农业相关领域,使农民获益,并助推精确农业、数字农业的发展。

(五)农业生产数字技术应用

整合数字技术应用于农业领域,对加快农业现代化进程、粮食增产、农民增收等意义重大。随着现代化信息技术的进步,数字技

---

[1]　李佐华、李萍萍:《温室番茄病虫害、缺素诊断与防治系统的研究》,《农机化研究》2003年第2期。

[2]　米湘成、邹应斌:《水稻高产栽培专家决策系统的研制》,《湖南农业大学学报(自然科学版)》2002年第3期。

[3]　陈桂芬、王越、王国伟:《玉米精确施肥系统的研究与应用》,《吉林农业大学学报》2006年第5期。

[4]　何萍、金继运、Mirasol F.Pampolino、Adrian M.Johnston:《基于作物产量反应和农学效率的推荐施肥方法》,《植物营养与肥料学报》2012年第2期。

术已经广泛应用于诸多农业产业,如田间种植、畜牧渔业养殖等领域,已经多方位融入农业生产经营管理。一是种植业。数字技术的普及带来了智能化农业设备的出现,不仅极大节省了人力、物力,同时为农业生产提供更高效的信息服务。如具备作物生长环境监测、智能灌溉施肥、生物补光、自动控制等技术的现代化农业设施,可以自动采集温室内温度、土壤湿度、光照强度等环境因子,同时依据采集数据分析,自动控制卷膜、风机、喷灌设备等,以保持作物生长所需环境条件,建立智能化农业生产管理体系,真正实现节本增效。二是养殖业。包括畜禽养殖和水产养殖。畜禽养殖以智能化控制畜禽成长环境、精准化饲料投喂、畜禽活动实时监测、疾病防控、废料处理等为数字技术应用重点,准确掌握圈养畜禽厂房温湿度,根据温湿度变化自动进行通风控温、定时精准投放饲料及排泄物循环利用等,集成高端数字化技术的畜禽养殖场。水产养殖是运用水体环境实时监测、水中增氧、饵料投放、网箱升降控制等技术,以现代化信息技术助力传统水产养殖模式转型升级,全方位开展数字化水产养殖。

现阶段,数字技术在农业领域的应用已经在全国多地开展并取得一定成果。2018年,新疆农业用北斗终端数量接近2500台(套),依托北斗导航功能开发的拖拉机辅助驾驶系统进行农耕,播种面积已经达到4万公顷;植保无人机数量突破500架,使用植保无人机进行农田喷药,覆盖面积已经达到3.3万公顷。同时新疆维吾尔自治区也在进行精量施肥、变量喷药、智能滴灌等智能技术的试点试验,2018年新疆维吾尔自治区精准施肥面积28.3万公顷,机械节水灌溉18.3万公顷,试验结果积极向好。

二、数字农业基础设施条件明显改善

（一）农村信息化基础设施完备

当前我国农村信息化基础设施建设基本完成，具备现代化信息技术应用的基础条件。随着5G技术的出现及5G基站的建设，加之智能通信设备的普及，农村地区的网民基数也在迅速扩大。国务院、商务部连同农业农村部等多部门围绕"互联网+农业""农村电商""电商助贫扶贫"等诸多领域提出了一系列重要战略举措，为推动农业农村信息化建设，提高农村地区、农民触网用网能力提供了巨大支撑。

以江苏省为例，"十三五"时期以来，全省农村网络基础设施建设步伐加快，城乡窄带物联网、光纤宽带基本覆盖所有乡村，4G网络技术基本惠及全部农村人口，农民年度信息通讯费用达650元以上，信息化发展指数及信息基础设施指数均居全国前列。信息时代下，江苏省现代农业高速发展，物联网、计算机、大数据等现代化信息技术广泛应用于农业农村领域，农村公共服务平台和信息服务体系建设不断完善，农民生活条件得到有效改善。

（二）数字农业基础支撑能力有效加强

当前，我国正积极推动农村信息网络接入设备更新换代、优化线路铺设及设备服务升级等项目措施，逐步实现城乡网络宽带服务均衡化，全面提升农村信息网络接入能力和服务效率。

以浙江省为例，在信息平台搭建方面。为全面提升农业农村信息服务能力，完善信息服务体系，浙江省以基层公共服务平台、地方综合性网站以及农民信箱等为抓手，已先后建成农民信箱、浙江农业等基础信息平台,一定程度上满足了农业农民信息需求。此外,浙江省积极推进万村联网工程,截至2018年12月,已建成近140个农业信息服务站,2.7万个行政村网站,建站接通率为100%;全省拥有农业信息网站的村镇、街道办事处数量突破1000大关;拥有农业信息联络点的行政村占比99%,万村联网工程有序实现。2016年以来,依托"电子政务云"平台,浙江省优化整合市县区各级农业部门数据,建立了集农情监测、畜牧管理、水产养殖、质量追溯、扶贫开发等多项农业数据的全省农业大数据中心,已收集农业数据2亿余条。针对农业农村信息服务体系构建,浙江省按照"有场所、有设备、有人员、有宽带、有网页、有持续运营能力"的"六有"标准,依托农业信息联络点、便民服务中心、银行、电商企业等服务网点,加之新型农业经营主体,持续推进全省益农信息社建设工作,已建成信息社达2.4万个,实现行政村覆盖率92%。

近年来,湖北省积极推动数字农业发展进程,相关基础设施建设稳中有序推进。截至2018年年末,湖北全省每百户农村家庭拥有计算机32台,拥有手机268部,农村宽带用户数量接近410万户,互联网普及率达45%,信息基础设施建设和农村网络覆盖面积持续提升。从2020年开始,湖北省将逐步开展农村地区5G网络的建设工作以及各类商业化建设工作,最大限度保证农村地区居民用网需求,助力农业现代化发展。

(三)智能装备与自动控制相对完善

智能农机装备最早由国外研发并投入使用。经过多年发展,我国在智能农机装备的应用上,主要以国外引进及自主研发同时进行。在国外引进方面,黑龙江省地处我国东北地区,那里土地肥沃,农场面积巨大,智能农机装备广泛应用于农业生产各个环节,农业机械化水平较高。黑龙江省作为我国最早引进及应用智能农机装备的地区之一,已经先后引入具有 GPS 导航功能的喷药机、具有产量监测功能的作物收割机、高动力拖拉机等先进智能装备,极大地提高了黑龙江地区农业生产水平和生产能力,促进黑龙江地区农业现代化加速发展。在自主研发方面,我国农机装备智能化发展虽起步较晚,但在作物产量监测、喷药、收割等装备的设计制造等也取得了一定成果,可基本满足国内农机装备使用需求。如由我国自主研发的复式多功能联合整地机、乘坐式高速插秧机、大型精准喷药设备以及以 GPS 导航装置为基础的农业机械系统已在我国多地投入使用,使用效果良好,主要粮食作物生产、收获机械化水平显著提高。

(四)数字农业成果普及与应用良好

依托 3S 技术、计算机、大数据及云平台等高新技术的快速发展,通过政府、高校、科研机构、企业的合作,我国数字农业中多个领域已经取得一定发展效果。京津冀地区进行的跨省市冬小麦估产实验。山西省利用 MODIS 数据和 MERSI 数据进行了作物长势、作物估产以及遥感干旱监测等。四川省成都市利用物联网建设,整合农产品种植环节数据,建立了农产品质量安全可追溯体系。黑龙江农场借助 GPS 导航功能收集农场数据,研究大豆叶片中所含叶绿素分量。依托地理信息系统(GIS),吉林省农业园区构建了养分空间变异图,同时通过 GIS 与 DGPS 对田间土地进行分块定位,建立了数据库。浙江省兰溪市依托农业信息技术采集信息数据,利用温室自动控制系统进行土地浇灌,保证作物水分养分供给。湖北省枝江市建立了 MAP 技术服务中心,为枝江 MAP 示范农场提供技术支撑的同时,也为当地农民合作社、农产品种植用户提供适宜枝江市农业生产特点的技术服务。

(五)信息进村入户工程持续推进

信息进村入户工程作为发展"互联网+"现代农业的一项重要支撑,对促进农业现代化、缩小城乡差距具有十分重大的意义。自 2014 年以来,党中央、国务院连续三年在中央"一号文件"及《国务院关于积极推进"互联网+"行动的指导意见》中对信息进村入户作出战略部署。农业部积极贯彻执行党中央各项要求,统筹推进落实信息进村入户工程,已经在全国 26 个省 116 个县(市、区、团场)开展试点工作,各试点地区结合自身实际,有序开展信息进村入户工程建设,初期试点工作取得良好效果。

以江苏省为例。2014 年,江苏省正式启动信息进村入户试点工作。2017 年,江苏省入选全国首批整省推进信息进村入户工程示范省,在全省开展益农信息社建设工作,为农业农村信息采集、益农信息服务平台优化建设提供了有力保障,可以有效满足全省农村居民及新型农业经营主体信息服务需求。此外,江苏省各地各级农业部门也会同银行、运营商、物流公司、电子商务平台等社会化服务组织及部分企事业单位,开展益农信息服务工作,累计服务次数已近 300 万次,便民服务超 770 万次,实现线上交易额 23.8 亿元。有效确保农民不出村、新型农业经营主体不出户就可享受高效信息服务能力落实。如江苏苏农连锁集团和农业银行江苏分行,依托全省各地益农信息社,为农民朋友开展农机农资和惠农金融服务活动,已累计发放 1.2 亿元小额贷款。

湖北省同样作为信息进村入户重点推进省,相关工作取得明显进展。依照农业农村部工作部署,截至 2019 年年末,湖北全省 17 个直辖行政区按照"有场所、有人员、有设备、有宽带、有网页、有持续运营能力"的"六有"标准,已建设运营的各类益农信息社 4647 个,已培训上岗的服务人员 4683 人,社内专家 1275 人,各类信息社覆盖 4234 个行政村,带动农户 133 万户,极大满足农户信息需求。此外,依托益农信息社,湖北省积极拓展信息社服务功能,包括农业公益、便民服务、培训服务以及电子商务等。目前已开展农业公益服务 42 万次,涉农领域的便民服务 32 万次,已接受培训人员 15 万人次,通过益农信息社带动的乡村休闲农业旅游约 50 万人次,实现农村电商销售额近 10 亿元。

三、数字农业基地建设初具规模

近年来,国家高度重视农业数字化发展,已在上海市、北京市、新疆维吾尔自治区及江苏省等地分别建立数字农业基地。

(一)上海市数字农业基地

上海市数字农业应用的研究和发展起始于 2001 年。截至目前,上海市在数字农业领域已建设的农业信息网络包括:上海农业网、上海农业内部专业网、上海科技网、市农委各事业单位内部局域网等网站,构成了上海农业信息化建设的重要基础。上海市农业数据库建设已初具规模,已建成菜篮子、食用菌、农业专家、农业科技期刊等一批公共数据库,以及上海农作物种质资源数据库、农业生物基因资源数据库、农业面源污染数据库等一批专业数据库。

截至 2011 年年末,上海市"为农信息综合服务千村通工程"已在全市 1391 个行政村建成服务站,实现涉农行政村全覆盖;村级信息网站建成 1545 个,形成覆盖市、区、镇、村四个层级的 1700 余人信息队伍。"千村通"有效满足了农村居民在农业科技、政策、政务及市场的信息需求。上海市已建成农村各单位局域网系统,实现村之间信息互联互通。依托高校、科研院所对农业领域和计算机领域人才的培养,上海市在农业信息系统、农业数据库与网页等农业基础信息平台的开发设计与维护上,已经具备一定的人才规模基础,能够保证相关平台的正常运行。

(二)北京市数字农业基地

北京市农村信息化建设成效显著。1991 年,北京市正式启动农业信息化工程建设,经过几年发展,京郊已建成光缆超过 6000 公里,涉及范围由区县逐步扩大至乡镇及部分行政村,基本实现郊区全覆盖。北京市建有多所重点科研院所和实验室。2002 年,农业部正式批准在北京市设立国家农业信息化工程技术研究中心,该研究中心在 3S 技术、农情监测与管理、自动化控制技术等方面研究较深。此外,依托小汤山精准农业示范基地和北京市多家农业企业,该研究中心开展了多次数字农业技术推广,使科研成果以该研究室为中心,辐射到北京市相关农业领域,并逐步向全国各省市扩散。该实验室在我国上海市、新疆维吾尔自治区、河南省等地都设立了分工作站,用以数字农业技术的推广和农业成果的转化,有效带动我国其他省市数字农业技术的进步和数字农业的发展。

坐落于北京市的中国农业大学,作为国内最顶尖的农业类高校,同样也是数字农业领域的重要科研力量。中国农业大学资源与环境学院拥有多个教育部、农业部重点实验室,在数字农业领域具有较高建树。如农业部植物营养学重点实验室在农作物养分构成及供给上的研究较为深入;农业部华北耕地保育重点实验室对华北地区耕地技术及华北耕地保护育种方面具备一定学科优势。该学院还在河北省、内蒙古自治区、山东省、吉林省及黑龙江省等地建有多个试验站。此外,中国农业大学现代精细农业研究实验室致力于精细农业智能化农机装备研究,并已取得较大成果。

　　位于北京市海淀区的中国农业科学院(以下简称农科院)致力于我国农业研究,着重解决我国农业及农村经济发展中的关键问题。2016 年 10 月,农科院官网显示,全院拥有 32 个直属研究所和 9 个共建研究所、49 个国家与部门重点实验室、23 个国家农作物种质资源库等众多科技创新平台。如农科院农业信息技术重点实验室主要对农业信息管理等方面展开研究;智能农业研究室则致力于农业模型技术、GIS 技术应用等方面的研究。1997 年,中国科学院与法国国家信息研究院共同建立中—法联合实验室,该实验室自成立以来,在农业模型技术领域的研究较为深入,其研发的植物生长模型 Green Lab,可以模拟从田间作物到森林树木等多种植物的生长过程,实现植物生长全过程的动态监测。模拟结果包括植物器官的数目、生物量的产生与分配、植物三维形态等信息。此外,中国科学院遥感应用研究所与北京大学遥感与地理信息系统研究所及农科院农业部资源遥感与数字农业重点开放实验室在遥感估产、作物长势等方面扮演着重要角色,为数字农业的发展、数字中国的建立提供了坚实的科学技术支撑。

（三）新疆数字农业基地

新疆维吾尔自治区农业属于绿洲农业,在农业现代化的趋势下,正处于传统农业向现代农业转化的过程中,但距离脱离传统农业范畴仍有一定差距。1994年,新疆维吾尔自治区沙湾县正式被确定为国家生态农业建设试点县,在国家政策的引导下,"高产、优质、低耗、高效"的农业设备和农业政策为沙湾县乃至新疆维吾尔自治区数字农业的发展提供了技术支撑和政策保障。

新疆维吾尔自治区约有大小绿洲数量超过570个,农田灌溉面积占耕地总面积的95%以上,农业资源丰富、开发潜力巨大。尽管如此,长期以来的农业技术落后、低效种植、资源掠夺及农业污染加剧等问题,限制了新疆维吾尔自治区绿洲农业的发展,甚至对生态环境和粮食安全造成威胁。因此,为促进新疆维吾尔自治区绿洲农业持续健康发展、资源高效利用及生态环境保护,推进数字农业建设将是行之有效的措施。

近年来,在数字中国的发展理念下,新疆维吾尔自治区积极开展农业技术的研发与推广,数字农业基地建设取得一定成果。由农业农村部批准的新疆兵团第八师石河子总场开展"国家优质棉数字农业建设试点项目",得以进行优质棉数字技术的研发与应用推广工作。新疆石河子大学同中国农业机械化科学研究院、中国科学院遥感应用研究所及南京森林警察学院等10余家重点单位,联合开展农情动态监测、播种质量在线监管、农产品水养分精准施用及农产品收割的数字技术研发与集成应用工作等。

（四）江苏省数字农业基地

近年来,江苏省围绕"转方式调结构加快发展现代农业"的高质量发展目标,积极推进农业智能化、精细化建设,大数据、人工智能等现代信息技术已广泛应用于农业领域。

在农业平台创新方面,南京市、苏州市等高新技术较发达地区率先采取措施。得益于本地区经济、技术、高端人才等优势,鼓励部分实力雄厚的农业科技企业相互合作,通过建立农业技术重点实验室、农业研究所等研发平台,为江苏省数字农业发展提供技术支持。2010年11月,国家工信部正式批准南京农业大学成立国家信息农业工程技术中心,该中心依托现代信息技术和农业科学,组建一支信息农业研发与推广团队,构建区域农业信息化产业技术联盟。2011年,中国农业大学与宜兴"联姻",成立农业物联网宜兴实验站;2013年6月,中国农业大学宜兴农业物联网研究中心正式建成。随着数字农业的持续推进,江苏省一大批农业物联网研发企业投入农业技术研发与推广应用上,如江苏中农物联网科技有限公司、江苏超数信息科技有限公司和南京东邦科技有限公司等致力于农业物联网技术研究以及各类应用软件的研发和服务,已经开发出农用传感器、智能化农机设备、植保无人机等一批先进农业技术设施,并先后试点应用成功,为省内外诸多农场及农业企业提供技术支持。

在数字技术应用方面,江苏省各地根据自身优势产业,结合现代信息技术,各自走出一条农业特色发展之路。据《2019全国县域数字农业农村发展水平评价报告》中江苏全省信息技术在农业领域生产应用的统计数据显示,在设施栽培上,苏南地区应用信息技术辅助种植生产的土地面积居全省第一,占比达 31.83%。畜禽养殖方面,苏中地区的信息化应用较为广泛,占比达 44.05%。水产养殖领域,苏南地区在渔业育种等方面的信息技术应用率较高,应用占比达 32.96%。

总体来看,江苏省农业信息化程度从高到低依次是:畜禽养殖业、农产品生产加工行业、水产养殖业、其他行业。具体原因可以归结为江苏省畜禽养殖企业数量多、规模大,尽管耗费较多人力、物力,但其利润非常可观。

(五)浙江省数字农业基地

数字农业的发展离不开广大科研院校基础研究的支撑。浙江省农业科学院整合科技与农业资源,在 2010 年成立浙江数字农业研究所,致力于推动浙江数字农业发展。该研究所主要进行农业信息化技术与产品的研发推广和咨询服务工作,几年来,已经承担作物数字信息获取技术实验室建设等 6 项院级财政项目,经费达 1086 万元。研究所拥有自动监测气象站等各类精密仪器,数字农业技术重点实验室,农业物联网技术、遥感技术、模型技术等多家农业科研平台,有力地保证了数字农业技术研发的基础设施条件,农业科技创新水平明显提高。此外,由浙江大学自主研发的基于 GPS 导航系统的农田信息测量仪,可对土壤水分、酸碱度、电导率等进行快速检测;基于 iPad 的农场面积测量设备,只需将该设备围绕农田行走一周,便可以计算出该农田的面积、周长等信息,并能在电脑上形成该块农田的大致轮廓,有效满足农田面积的数字化测量需求。

（六）吉林省数字农业基地

2020年7月，习近平总书记在视察吉林省时强调："农业现代化关键是农业科技现代化，要加强农业与科技融合，加强农业科技创新"。为贯彻落实习近平总书记的重要指示精神，吉林农业大学以"新农科"建设为引领，以发展农业现代化为导向，整合学校教育教学资源成立智慧农业研究院。研究院下设精准农作与智能装备等五个研究中心，致力于推动农业工程、信息技术及农业科学等多学科的交叉融合，为智慧农业的发展输送人才力量。

（七）四川省数字农业基地

四川省拥有多家农业科研单位与农业企业，在推动四川省数字农业的发展中起到了重要作用。四川省农科院遥感应用研究所（现国家农业遥感应用中心西南片区分中心）于1984年由农业部正式批准组建，研究所设有资源遥感、数字农业及GIS应用等多家研究室，主要负责土地利用现状调查、农业灾害遥感动态监测、作物遥感估产及监测、农业信息技术应用研究等，已经完成国家、省（部）重大科研项目30余项，建成西部地区自然资源及生态环境动态监测体系、西部地区主要农作物监测与遥感估产运行系统等重要科研平台。经过多年探索，遥感所现已发展成为具备较强科研能力与高素质农业技术研究队伍以及一批较为成熟的遥感（RS）、地理信息系统（GIS）、全球定位系统（GIS）等现代化农业信息技术研究机构。四川省金翼数字化农业科技开发有限公司与其技术支持单位——浙江省丽水市农科所于2005年签订"植物非试管快繁技术"成果转化协议。该项技术是现代信息技术与农业科学相结合的产物,其根据植物生长所需的生态环境,通过计算机智能控制最适宜于植物繁殖的光、热、湿、营养等条件,以便挖掘植物的最大生理潜能,促进植物生根基因表达速度。

四、数字乡村建设稳步推进

党的十八大以来,我国数字农业农村建设工作扎实稳定推进,取得了历史性成就。经过综合评价,2019 年,全国县域数字农业农村发展总体水平为 36%,其中东部、中部、西部地区分别达到 41.3%、36.8% 和 31.0%。尽管如此,我国农业生产信息化水平仍然相对较低,仅为 18.6%,表明距实现我国农业生产现代化还有很长一段路。近年来,网络扶贫行动纵深发展取得明显成效,数字农业农村电子商务高速发展。统计资料显示,2019 年,我国农村网络零售额突破 1.7 万亿元,在网络销售总额中占比 16.2%,其中农产品网上成交总额为 3975 亿元,较上一年增长 27%。2020 年上半年新冠肺炎疫情发生以后,我国民众积极响应国家号召开始居家隔离,电子商务特别是农产品电子商务迎来了重要发展机遇。根据欧特欧咨询数据显示,2020 年 1 月到 7 月,全国农产品网络零售额 3454.5 亿元,较上一年增长 49.3%,实现网络零售量 136.3 亿件,较上一年增长 49.1%。此外,疫情防控期间也出现了央视新闻主播直播带货、明星直播带货等销售形式,助力湖北地区农产品销量持续增长。

物联网方面,2011 年以来,我国先后在北京市、黑龙江省、江苏省、内蒙古自治区和新疆维吾尔自治区等地开展了国家物联网应用示范工程智能农业项目。2013 年,农业农村部印发《农业物联网区域试验工程工作方案》,方案明确了天津市、安徽省、上海市三个省市率先开展试点试验工作。随后为了在更大范围开展试验工程,2017 年又新增了江苏省、吉林省两试点省份。截至目前,农业物联网区域试验工程已在全国 9 个省市重点实施。

(一)农业农村电子商务蓬勃发展

《数字农业农村发展规划(2019—2025 年)》等一系列文件的出台,为农村电商发展提供了重要支撑,为农村电商提供了政策支持。

1. 县域网上零售额持续增加

国家统计局数据显示,2021 年,全国网上零售额比上年增长 14.1%,其中,实物商品网上零售额增长 12%,两年平均增长 13.4%,增速明显高于线下消费。从与网购密切相关的邮政快递业发展情况看,在线上消费快速增长的带动下,2021 年快递业务量与业务收入比 2020 年均保持两位数快速增长。随着电子商务逐渐向县域地区渗透,加之政策倾斜、产业培育、区域品牌建设等因素影响,县域电商规模和数量持续增长。据农业农村部统计,当前我国电商服务站行政村覆盖率约八成,县域农产品网络零售额超 3000 亿元。相关研究显示,2021 年淘宝村数量已超 7000 个,农村电商覆盖面越来越广。

2. 农民合作社触网能力增强

县域电商规模的扩大,广泛提升了农民合作社触网。合作社通过网络平台对接市场,拓宽本地区农产品销售途径,实现了产品快速销售、农民快速增收。根据欧特欧监测数据,2019 年,我国农村电商合作社数量为 2011 个,其中,江苏省共有合作社 119 个,网络零售额和网络零售量占比均居第一,达到 21.42% 和 15.15%,山西省排名第二,占比分别达到 11.00% 和 13.22%,福建省紧随其后,占比分别达到 10.49% 和 11.60%。由此可以看出,江苏省网络销售额占比较第二名领先幅度较大,表明江苏省农民合作社发展状况良好。

农村电商合作社的发展模式,有效打通了以往农村地区信息闭塞的弊端,有利于实现农村资源整合,助力农业供给端转型升级。同时,该模式下农户自主产销能力增强,农产品销售渠道和销售效率明显提高,电商合作社带动农户致富的潜能得到激活。

以湖北省为例,"十三五"期间,湖北省扎实推进电子商务进农村综合示范,截至 2020 年 3 月,湖北省已经建设了以枝江市为首的 44 个国家级电子商务进农村综合示范市县,有力推动了农村电子商务突破性发展。据统计,2019 年,湖北全省农产品网络零售额达 700 亿元,自主建立农产品电商营销平台的新型农业经营主体数量突破 1600 家,入驻京东、天猫等第三方电商平台的新型农业经营主体数量达 2.3 万余家,农业农村电商相关从业人员人数接近 50 万。以秭归脐橙为代表的湖北农产品深受广大民众喜爱。2019 年,秭归脐橙在线销售量突破 10 万吨,实现在线销售额近 10 亿元,电商渠道销售额占比超过 30%,网红直播带货逐渐成为秭归脐橙重要的销售方式。此外,信息时代下,湖北省休闲农业也迎来了新的发展机遇。2019 年,湖北全省实现休闲农业电商交易额达 45 亿元,拉动农产品网络销售额突破亿元大关,为促进湖北农业增效、农民增收及休闲农业发展路径探索了新思路。

(二)农业经营电商化发展迅速

随着互联网企业对农村市场及农业产业的加速渗透,农业经营电商化成为传统农业转型升级的重要途径。近年来,江苏省坚持创新创业发展战略,通过电商平台和农业产业相结合,培育农业领域新业态,切实提高农业产业在新经济发展中的作用。据统计,2018年,江苏全省依托电商平台销售农产品金额为470亿元,同比增长近30%。

1. 电商平台建设持续推进

江苏省各地方政府积极响应国家、省委省政府号召,出台相关政策文件,鼓励、支持和引导江苏各地产品企业、电子商务平台、创业产业园区等开展务实合作,发展农业电子商务,构建农产品电商平台。截至2021年1月,江苏省各地已建成超过50个市县级农业电商产业园及涉农电商创业园。此外,由新型农业经营主体自主构建的电商销售平台不断涌现,如负责生鲜农产品冷链配送的"云厨一站""蟹库网"等。通过与第三方电商平台合作,江苏省还建有众多展示本地农产品特色的"特产馆",包括淘宝、京东、苏宁易购等地方特产馆85个,为江苏地方特色农产品销售和品牌知名度提升提供了坚实保障。

2. 电子商务助力地方特色产业发展

近年来,江苏省大力推进"一村一品一店(网店)"发展模式,以电子商务引领各地特色产业发展及特色农产品销售,激发农户自主创业热情,促进农民增收致富,不少地区取得一定效果。如新沂市新沂水蜜桃、连云港市连云港紫菜、沭阳县沭阳花木、兴化市兴化大闸蟹、宜兴市宜兴红(茶)等地方特色农产品,依托电商平台,已快速发展成为地方优势特色产业。江苏省扎实推进"一村一品一店"建设,2018年,全省新建省级示范村376家,为加快江苏省电子商务持续发展,2019年新建"一村一品一店"示范村400家。

新疆生产建设兵团（以下简称新疆兵团）以农业作为基础和优势产业，在"数字中国"战略引领下，积极推动农业机械化、现代化、信息化发展，加快农业信息化基础设施建设，推动新疆数字农业农村建设等方面，已经取得一定成效。2018 年，全疆农村电商零售额为 155924.3 万元，占比达 36.41%，新增英吉沙县、泽普县、伽师县等 10 余个电子商务进农村综合示范县，带动就业 6.3 万人，示范县项目建设有效助力农村脱贫工作。

近年来，为加快新疆地区农产品电商发展，新疆兵团制定了农业电商相关政策，建立了包括种子、肥料、农机、加工运输等信息的团场农业公共服务平台和农产品电商平台，为农户和新型农业经营主体提供生产、交易、展示、竞价、物流等快捷服务，扩展了新疆兵团农产品销售渠道，为农产品产销提供保障。依托国家及各省援疆政策措施，新疆兵团先后建成了电子商务产业园、新疆特色林果科技园和新疆电子商务科技创业园等电商平台示范园。新疆兵团通过与淘宝网、阿里巴巴和京东商城等第三方电商平台合作，创建了"新疆兵团馆"，助力兵团农产品销往全国，加快兵团农产品电商发展，助推兵团"互联网+"转型升级。随着新疆兵团加大对农产品电商平台的政策、资金投入力度，当地农村电商企业及相关从业人员数量有所增加，农村电商呈现不断发展壮大态势。

（三）数字农业发展挖掘新动能

为深入推进农村电子商务发展，实现数字农业发展新动能，切实解决农村信息闭塞、农产品销售效率低下、特色产业产品鲜有人知等现实状况，全国多地积极开展电子商务进村工程，实施"网络助农"措施，为农村居民提供农业信息服务和农产品销售服务，加快构建现代化农村信息流通体系,助力农业电商发展。

以浙江省为例,自 2013 年以来,浙江省持续推进电子商务进万村工程,全方位打造"农产品企业+网店""农村合作社+电商平台""个体农户(农产品小商户)+直播"等多种农产品电商模式,助推农业电商发展,帮扶农业企业实现农产品快销、多销。为最大限度整合农村资源,发挥农业企业合力,浙江省积极建设农业电商产业集聚区、农业产业创业园区、农业创业基地等,鼓励农业企业开展多领域沟通协作,推动浙江农业电商整体向前迈进。此外,在发展数字农业背景下,浙江省涌现出一批农业新产业新业态。通过数字技术传统产业融合发展,出现了共享农业、体验农业、农商直供等农业新兴业态,为传统农业数字化改造探索新路径。

五、农业信息化数据管理能力显著提升

(一)农业大数据平台建设发展迅速

近年来,我国农业大数据平台建设步伐加快,已建成一批高质量农业数据基础设施,具备一定农业大数据基础,为数字农业、精准农业、智慧农业的发展提供了数据支撑。黑龙江省的平台建设成果显著。

黑龙江省作为我国农业大省,具有发展农业现代化的自然资源及农机设备应用等优势,也是我国发展数字农业较早的地区之一。目前,黑龙江省农业大数据平台已经广泛应用于作物种植、生产、加工、销售、运输等各个环节,为全省农业发展提供服务。2017年 3 月,黑龙江省农业大数据管理中心正式成立,该中心主要负责全省农业大数据的建设运用,指导农业信息采集分析、加工存储、

开放共享、产品开发、课题研究和安全管理。2017 年 7 月,黑龙江省农业委员会同哈尔滨工业大学就农业大数据平台建设签署合作协议,旨在推动信息技术与传统农业深度融合,加快农业信息化发展。黑龙江省农委通过整合各类农业市场运作信息,结合哈工大信息技术人才优势,合作建立了涵盖作物种植、农机管理、粮食安全、灌溉施肥、灾害预警、作物保护等多领域的黑龙江省农业大数据综合服务平台。该平台由"1 个数据中心、2 个支撑环境、16 个云平台和 84 个业务子系统"组成,可以有效为农业生产提供信息服务。黑龙江北大荒股份七星分公司在 2019 年和 2020 年先后开发建设了"七星农业大数据平台"和"科研管理平台",支撑农业智能化建设。2016 年,为实现"互联网+现代牧业"行动计划,黑龙江省大力发展畜牧业大数据中心,构建"畜牧云计算"平台。该平台依托智能信息系统,结合省内各类应用系统平台,采集、存储、分析和处理全省畜牧业信息资源,为政府相关部门宏观调控工作提供支撑,并向平台服务对象输送有关信息。

(二)农业信息化管理能力明显增强

农业农村部在十三届全国人大三次会议上表示,将着力推进农业农村大数据建设,整合各方资源,探索建立覆盖全产业链数据的采集体系。新疆维吾尔自治区积极落实农业农村部工作部署要求,启动建设农业农村大数据分中心,中心包括农产品产销、产量分布信息及供求发布等系统,服务于产业链各个环节。建成后,中心还致力于推动农产品产销对接,实现产地农产品进社区、市民进产地等,减少中间环节,增加产地直供。此外,新疆维吾尔自治区还建立了农作物管理信息系统、农产品质量安全监管信息追溯系统及农村土地确权登记管理信息系统等,助力新疆维吾尔自治区农业农村大数据建设,提升农业信息获取、分析和管理能力。

电子政务方面,新疆维吾尔自治区农业农村厅和下属二级局及其 14 个地、州、市农业局均已应用 OA 系统协助办公,基本实现农业有关部门办公无纸化。2018 年,新疆维吾尔自治区农业农村厅及各地、州、市农业局的农业应急视频指挥调度系统建设已经完成,该系统利用自治区信息中心的电子政务外网,实现部级—厅级—局级三级视频会议互通,并于近期向县(市)级农业局扩展。系统的建设完成及纵深外延将有效减少信息失真情况出现,保证信息传递的精准性和及时性。

近年来,江苏省各级农业部门围绕数字农业农村建设,积极推进信息技术在农业领域的推广应用,进一步加大农业信息服务覆盖面积,增强信息管理服务能力。江苏省已开发建设了一批针对种植业、畜牧业、水产养殖业、农机化、粮食安全等领域的信息系统,通过对农业信息的采集、存储、处理、输出和控制,实现农业信息管理有序,更好地服务于民。国内首家省级耕地质量管理数据中心在江苏省建成落地。通过该中心,实现全省每一块耕地质量相关数据可查,并依据所获数据进行耕地地力评价、作物生长适宜性评价、土壤养分评价等,辅助政府相关部门制定耕地利用总体规划、种植业结构调整等,为农民灌溉施肥提供决策依据。

(三)农业信息资源数据库建设日益完备

农业信息资源数据库建设是发展数字农业的关键,其数据来源主要是农作物生长的时间和空间环境,通过田间采样、GPS 定位系统、遥感技术及智能农机装备作业过程中获取数据资源。

　　相较于国外，我国农业信息数据库建设起步较晚，一定程度上限制了我国农业信息化进程。但近年来，随着引进和吸收国外先进农业信息化技术，以及我国自主研发能力的提高，农业信息化数据库建设取得一定成效。目前，我国围绕土地、水、气候、生物等自然资源进行数据采集，建立了不同资源数据库。如陕西省蓝田县针对 22 个乡镇的每一块耕地建立了碱解氮、速效磷、速效钾含量数据库。陈桂芬等建立了包括土壤含水量、土壤肥力状况的空间数据库和包括品种、产量、施肥量及采样点的养分、水分测定值等的属性数据库①。我国具有代表性的农业数据库还包括："中国农业科技文献数据库、水产科技文献数据库、农牧渔业科技成果数据库、中国畜牧业综合数据库、中国农林数据库及农业合作经济数据库等"。此外，基于市场发展和自身发展需要，一些适合本地区的资源数据库得以建立，如新疆畜牧业数据库、新疆农科院专家库、中国农科院文献信息中心等，这些数据库的建立极大方便了当地科研工作者查找相关文献数据。

　　随着 3S 技术、物联网、大数据、人工智能的快速发展，农业信息数据的获取需要采取"天—空—地"一体化监测，全方位采集农业信息，并从海量信息中提取出重点信息，减少数据库冗余，最大化提高数据库资源有效性。

　　近年来，重庆市围绕数字农业可持续发展，建立了涵盖农业自然资源、种植业、畜牧业、渔业、农机、农经、农产品市场等多个农业信息资源数据库。如重庆市农作物品种数据库、"重庆畜牧云"管理服务平台、嘉陵江渔业资源数据库、重庆市主要农作物种质资源

---

　　①　陈桂芬、王生生、赵月玲、王国伟：《基于 GIS 的玉米数字信息智能管理系统的研究》，《新疆农业科学》2007 年第 1 期。

库、重庆市农业作物统计数据库等。数据库的建设使科研人员和农业经营者更全面了解农业信息成为可能，并发挥其在农情监测、优化育种、灌溉施肥、动植物病虫害预防等方面的作用，推动农业信息数据科研成果的转化应用。

（四）农业信息数据采集设备持续更新

农业信息数据的采集需要带有 DGPS 卫星定位接收机和多种传感器的智能化农机设备辅助支撑，然后借助 GIS 平台进行数据处理，并通过其他软硬件设施将数据可视化。

我国具备农业信息数据获取能力的智能化农机设备主要以国外引进和自主研发为主。在国外引进方面，黑龙江垦区是我国农业机械化、智能化发展较快地区，农机设备应用率同样较高。黑龙江垦区从美国引进带有产量监测系统的农用收割机、ST820 型大豆小麦空气输送式变量施肥播种机、SPX3200 型变量喷药机等，经调试运转，均能正常投入生产和作业。此外，大西江农场试验示范基地引进了带有自动导航系统的农用拖拉机及产量监测系统的联合收割机，经一年调试期，已大规模投入使用。在自主研发方面，与发达国家相比，我国智能农机设备发展总体上还处于起步阶段，研发能力、农产品质量、制造水平和生产效率等方面仍存在一定差距。但随着信息技术的飞速发展，以及农业现代化的推进，我国在农业设备数字化的研发与制造上也取得了喜人成绩。如我国自主研发的大型精准喷药设备、变量配肥施肥设备及基于卫星导航定位的农业机械导航系统等农业装备，已经在新疆维吾尔自治区、黑龙江省等农业大省投入使用，应用效果良好。

总体来看，我国数字农业建设已经取得一定成效，在发展传统农业的基础上,将现代信息技术应用于农业领域,实现农业精细化、智能化、数字化发展,一定意义上突破传统农业。结合现代信息技术应用与农业领域符合当下"资源节约型,环境保护型"社会发展理念,最大限度节约资源、节省人力物力,以最少的资源耗费获得最大的产品产出,有利于农业可持续发展。计算机的高速发展,加之现代农业信息获取的便利化、自动化,信息处理的高效化、信息传递的精准化,为数字农业的发展、政府部门的决策以及农业企业的生产提供了坚实保障。

第二节　数字农业发展问题分析

我国农业从传统的一家一户依靠人力、畜力的生产方式,发展到使用农业机械进行规模化生产,解决了我国 14 亿人口温饱的大问题,但国家也关注到了资源约束下的我国农业想要进一步发展,必须转变发展方式,走农业高质量发展的途径,才能实现农业强国的中国梦。我国作为农业大国,借力数字经济的发展,积极开展数字农业建设,对促进传统农业的数字化转型,实现农业高质量发展将起到极为重要的作用。从全国范围看,数字农业的发展存在着明显的区域不平衡问题。北京市、浙江省、新疆维吾尔自治区、黑龙江省、吉林省等省份的数字农业起步较早,结合各自的资源优势取得了较好的成绩,但是华东、华南等地区受资源禀赋的制约,起步较晚,应用水平有待提高。虽然国家陆续出台了相关政策,但传统思维定式、行为惯性和发展模式的影响,数字农业在实践过程中依然存在一些问题。

一、农业信息标准化存在短板

尽管国内外对数字农业尚未有统一的界定,但是,业内都认为数字农业是借助数字信息技术对传统农业生产方式的升级,是科学合理利用农业资源的新型农业生产方式。数字农业的重要特征就是将各种形式的数据资源与农业实体进行分离,然后分析整理,预测农业系统的未来变化,通过信息流掌控农业全产业链的各个环节,实现农业高质量发展。但是,目前对数字化农业系统以及数字化产业水平缺乏一个科学、系统的评价标准,数字化农业发展程度的衡量标准体系也没有统一,主要原因是信息标准的缺失,使得数字化农业发展技术、产品品控、产品溯源等各个环节都可能存在安全隐患,因此,在数字农业发展过程中,有必要解决数字农业信息标准的制定问题。

我国农业在多年的生产、科研实践中,积累了大量的农业数据信息,但是对这些纷繁复杂的信息缺少统一的标准进行描述、定义、获取,使得这些高价值含量的数据信息分散分布在不同的部门之间、主体之间,没有形成全社会范围内可以共享的数据信息资源,一方面导致信息资源的浪费,另一方面由于缺少共享的信息资源无法形成合力而导致效率损失。具体表现在以下几个方面。

(一)农业要素的复杂性增加了编码设计的难度

农业系统主要由农业生物要素、农业环境要素、农业技术要素和农业社会经济要素等方面构成。而每个构成要素中又各自包含许多子要素。例如,农业生物要素中的农作物方面,就有谷物、蔬菜、水果等不同分类,而谷物中又包括水稻、小麦、玉米等不同作物,即便是同一作物,它的生长过程又涉及光线、土壤、水分、肥料等不同因素,这些信息都要进行标准化的编码设计。为此,农业科学研究领域提出一个重要的分析工具——农业模型,通过农业模型研究农作物生长过程中的内在规律与外部影响因素之间的关系,将农业生产经验提炼为理论性的、易推广的生产决策依据,这是数字农业的科学基础。但是,由于农产品种类纷繁复杂、外部影响因素各有差异,现有的农业模型主要以经验性模型为主,缺少机理性模型,而且各类模型之间缺少协同,不同学科背景的模型之间缺乏信息共享,因此,在农业要素信息数字化方面还存在诸多"瓶颈"需要突破。

(二)数据库标准不统一限制了农业信息技术的应用

农业信息技术是数字农业的技术支撑,主要包括农业数据库、农业信息系统、农业决策系统、农业监测系统、农业控制系统、农业网络系统等,其中,数据库是其他系统运行的基础,也是农业信息标准化的核心环节。目前,由于各区域农业资源禀赋不同、发展水平不同,现有的农业数据库主要是以各省为单位进行建设管理,而各省之间同一种农作物的数据信息没有统一标准,因此,在统建国家层面的农业数据库时,就存在同一作物标准不同的问题,这也使得以农业数据库为基础的其他信息系统的运行受到制约。

(三)农业信息不规范限制了农业管理效率的提升

农业管理是对农业全产业链的综合管理,它包括农业生产、农业经营、农产品加工运输以及储存保鲜、农业政策、农业科研、农业推广与合作、农业教育、农业金融等诸多环节。随着信息技术的深度普及,农业各个环节都需要运用信息技术进行管理,而各个环节在上下游管理沟通过程中,离不开相关的农业信息,因此,农业信息的标准化问题是决定农业全产业链管理效率的核心环节。目前,因认识不足、人才短缺等因素的制约,农业管理领域的信息化程度对比其他行业相对落后,其重要原因就在于农业信息的标准化程度要低于制造业等行业,这也是影响数字农业进一步发展的重要障碍之一。

农业信息标准化是数字农业发展的重要基础,是实现农业信息资源共享的前提,目前农业信息标准的不统一势必影响数字农业的发展速度,这也是数字农业高质量发展面临的重要瓶颈。

二、农业信息资源共享机制不健全

农业信息资源是农业科学研究的基础,具有公共物品的属性,这也决定了农业信息资源的共享属性。数字农业的相关技术研究是一个跨学科的复杂难题,需要不同学科共享信息才能协同创新,而且农业信息资源的收集、整理、开发及利用是国家农业发展水平的重要标志之一,是一种可共享、可传播、可再生的国家资源,是政府进行科学规划与决策的重要依据。如何将海量的耕地端的农业信息资源进行规范管理,使其充分发挥价值是全世界需要共同面对的问题。国内外学者都认为农业信息资源共享对世界农业技术发展具有重要作用,世界各国都在努力从政策、法律制度、技术规范、组织管理各个方面保证科学数据的管理与应用的正常秩序。[1]

在信息技术与传统农业融合过程中,农业信息资源的共享是技术融合创新的重要前提,农业信息资源共享成为数字农业高质

---

[1]　张莉:《中国农业科学数据共享发展研究》,中国农业科学院 2006 年博士学位论文。

量发展的关键问题。在农业信息尚未实现标准化的情况下,农业信息资源共享更是阻力重重。

(一)数据信息的共享制度障碍

近年来,国家非常重视"数字中国"的建设,在城乡各领域都在大力推广信息技术与传统行业的融合,在农业农村领域,国家以项目形式在农村推广数字化信息服务中心,但是总体上,可操作性的配套措施滞后。一手数据通常需要在整理加工后,才能具有更广泛的应用价值,而数据加工涉及知识产权保护的问题。而且,信息时代,这些加工的数据资源具有易拷贝性,进而涉及网络传播权。目前,相关的产权问题尚缺乏有效的法律保护。另外,由于农业信息数据具有一定的公共物品属性,在农业科技研发过程中,既有政府投入,也有科研院所及私营企业的投入,使研发成果的产权难以界定,阻碍了农业数据信息的共享,也限制了数字农业技术的研发创新,进而影响数字农业的高质量发展。

(二)数据信息的共享流动障碍

从农业数据信息的产生来源看,主要是政府主管部门、科研院所和农业企业三类主体。其中,农业企业掌握着耕地端的一手图片、数据等相关数据信息,少数企业可以对相关数据进行深度开发,而多数企业则要与相关科研院所合作开发数据;科研院所通过实地调研、项目开发或与农业企业合作,结合自身的理论优势,深度开发相关数据信息,形成系统化、规范化、标准化的农业信息;政府主管部门主要是综合汇总科研院所和农业企业的农业信息,作出科学发展规划与决策。从这些数据信息共享流动的实际情况看,各数据信息产生主体所拥有的数据基本上都是由各自收集、存储、加工、开发,或在合作单位内部共享,各自的系统都是具有自主知识产权的独立系统,自建自用,建成的数据库规模相对较小、覆盖范围有限、内容不全面,数据更新投入不足,条块分割明显,缺少共享流动。而数字农业是信息技术与传统农业产业链各环节的融合创新,需要上下游企业间的协同创新,农业数据信息的各自独立,阻碍了融合创新的发展,进而制约了数字农业的高质量发展。

(三)数据信息的共享服务障碍

农业数据信息的收集需要长期进行大范围的田间观测,所获得的数据信息也只能是在当时的气象、水文条件下,阶段性、区域性的某个特定研究对象的信息资料,这其中涉及不同的农作物、不同的土壤和气候条件,农业数据信息庞杂,需要由不同学科背景的专业人才进行数据的收集、整理、加工,这些专业人才提供的数据信息的价值非常高,关系着数字农业科技研发创新的水平,因此,数据信息的共享服务尤为重要。多年来,国家已经积累了大量的农业数据信息,通过与农业科研院所的合作,在基本农业数据信息收集、整理方面获得了一定的成效,但是,在农业产业链的不同环节中都存在技术瓶颈,数据信息标准化问题尚未解决,使数据信息的加工生产能力有限,综合性的数据信息产品相对有限,具有权威性的数据信息产品及相关的数据管理、服务应用系统更是匮乏,直接限制了数字农业技术研发创新水平,影响了数字农业高质量发展。

三、数字农业服务模式创新能力弱

数字农业是现代信息技术高速发展背景下提出的新型农业生

产方式,在信息技术与传统农业融合过程中农业的复杂性给信息技术提出了严峻挑战。数字信息技术在传统农业领域中的应用主要体现在对农作物生长过程中的发育状况、农业自然灾害状况、病虫害状况、土壤水肥状况等相应环境信息进行实时监测;对农产品销售过程中的生鲜仓储运输、冷鲜包装、农产品质量安全溯源等环节进行智能控制。通过数字信息技术的实时监测、控制,为相关决策提供科学决策依据。或者说,农业产业链的各个环节都可以通过与数字信息技术的融合创新,对传统农业进行数字化改造,形成整个产业链完整的基础数据,进而实施信息化、精准化管理,因此,数字农业信息服务模式的创新,对提高全要素生产率,破解农产品同质化竞争和增产不增收的难题,实现数字农业高质量发展具有重要意义。

数字农业服务模式创新涵盖数字农业基础数据资源建设、数字农业技术创新、数字农业资金投入以及数字农业营销渠道创新等内容。我国数字农业服务模式的创新存在以下几方面问题。

(一)基础数据资源整合能力不足

在互联网经济下,以资源为基础的农业产业优势相对较弱,需要引入数据资源来提高农业产业的竞争优势,但是,简单地将信息技术应用到农业场景的模式,容易被复制模仿,农业企业难以形成竞争优势,使得农业产业的附加值难以提升。因此,将数据资源与农业深度融合,形成难以被复制模仿的数字农业发展模式,构建新的竞争优势,是数字农业高质量发展的关键。目前。大数据和人工智能与传统农业的融合程度、整合程度不高。一些实体的农业信息基础经济,并没有获得相应的网络数据资源。农业的生产、灾害预防、存储、物流、营销等各个环节对数据资源的解读、整合、利用能力有限,尚未形成数字农业的产业基础能力。

(二)数字农业技术创新缺乏协调统一

数字农业可以说是一个从基础理论到应用理论、支撑技术再到工程的完整学科体系,其关键技术可以分为软硬两方面。"硬技术"主要有:高分辨率对地观测技术、海量数据存储和互操作、宽带网络、虚拟现实等;"软技术"主要有数据挖掘与知识发现、地理信息系统、决策支持系统、人工智能以及系统集成等。[①] 因此,数字农业的技术创新是一个涉及农业全产业链的系统工程,不仅涉及各个环节的技术创新,还要考虑彼此间的融合衔接创新。从目前数字农业技术创新看,各个环节独立技术的创新正在稳步推进,但在彼此间的融合创新方面还缺乏协调性,具体在农业数字化以及智能化生产方面,技术手段落后,相关的配套设施并没有融合到一起。比如基础的数据传感器在集成度、精准度方面有待提高,动植物本体传感器有待开发;比如气象资源,以及产品溯源等技术,没有形成良好的模式,大部分核心技术不能本土化,就导致了很多情况的限制;比如知识产权的保护,以及区域条件的限制,很难将数字农业在技术上得到更大程度的创新。

(三)数字农业资金投入模式单一

农业作为国家的基础产业,长期以来依赖国家投入,随着新技术的发展,将信息技术融合创新到传统农业领域的数字农业生产

---

① 薛领、雪燕:《"数字农业"与我国农业空间信息网格(Grid)技术的发展》,《农业网络信息》2004年第4期。

方式,为社会资本提供了更多的投资渠道,但是受农业自身投资周期长、风险高等特点的制约,很多社会资本仍在观望或谨慎地小额投入。国家自 2017 年起,在新疆维吾尔自治区、黑龙江省、浙江省等省份投入上亿元,陆续启动大田种植、设施园艺、畜禽养殖、水产养殖四类数字农业项目建设,但是,数字农业的发展不能完全依靠国家的财政投入,更要依赖于社会资金的介入。目前依靠国家投入的数字农业建设对社会资本的引入效应尚未充分发挥,投入领域未形成链条化,尚未将数字农业的管理服务等内容与乡村数字化、网络智能化治理相结合,也就是说,现有的投入模式缺少一套适宜的,由国家和社会共同投资,进而构建全产业链网络的综合型方案。

(四)数字农业营销渠道不通畅

数字农业高质量发展的核心是借助信息技术与传统农业融合,实现传统农业的升级改造。现阶段,信息技术对农产品销售环节的助力,反映在农产品电商的快速崛起。近年来,我国农产品电商发展势头迅猛,促进了传统农业的数字化转型,但是农产品网络零售额在农业总产值中的占比还相对较低,农产品电商的潜力有待深入挖掘,数字农业的渠道构建方面的能力有待加强,农产品上行渠道不通畅,营销手段又过于老套,缺乏品牌意识,与消费端消费升级的需求并不匹配,农产品供销两侧的信息流通渠道不通畅。这当中,农产品,特别是鲜活农产品如何适应数字化销售渠道,以及数字渠道如何深入拓展都是亟待解决的重要问题。

四、数字农业组织化程度低

为解决农业领域的小生产与消费领域大市场之间的矛盾,国家出台了一系列政策措施,支持培育新型农业经营主体,新农人、家庭农场、专业大户、各类农民合作社、农业企业和社会化服务机构等新型农业经营主体得到了快速发展。从交易费用理论看,这些新型经营主体是横向和纵向一体化的结果,通过这样的组织创新在实现节约交易成本的同时,扩大了经营规模,培育了新型经营主体。但是,这些新型经营主体的发展实践历程较短,成功与否还有待观察,大规模推广尚待时日,从目前看,这些组织创新只是将少数主体联结到了一起,小农户的问题并没有真正解决,这与国家提出的"实现小农业和现代农业发展有机衔接""实现共同富裕"的战略目标相悖。具体问题主要表现在以下几方面。

(一)农民对组织化发展模式的认知不足

国家从20世纪末开始就非常重视农业产业化经营问题,经过多年的发展,农业产业组织模式在探索、试错、改进、创新中不断完善,但从全国范围看,除一些经济发展情况较好的省份外,多数省份的农业产业组织的发展相对不足,其中,农民认识不足是最主要的障碍。

农民虽然对农业发展的宏观趋势无法把握,但其对农业生产的投入产出比非常敏感,对种植何种作物、如何种植、与谁合作等问题非常关心。从现有的农业产业组织模式看,家庭农场对于缺少劳动力的农民家庭具有一定的吸引力,一些家庭的劳动力多是进城务工,没有时间和精力从事农业生产,因此,将土地转租给家庭农场耕种获取一定经济收入的同时,给自己以后的生存留有余地。农民合作社的发展并不乐观,多数合作社受到多方因素的影响,市场竞争力不高,合作后的经济效益不稳定,与期望值有一定偏差,因此,对小农户的吸引力有限。农业龙头企业和各类农业企业在与农民通过土地、劳动力、资金等要素入股过程中,企业希望按照高风险高回报的原则分享收益,而农民希望保底分红,使得利益分配理念不一致。这些问题综合影响着农民对参与组织化生产经营持观望态度,参与的积极性不高,或浅尝辄止。

现有初具规模的农业生产经营组织对不同模式的组织管理在认知上也存在缺陷。现有的组织模式成立的时间都不长,缺少长期实践的经验总结,因此在组织发展与管理上存在一些认知障碍。一方面,现有的组织管理者缺少现代化的管理经营,对组织内部管理缺乏规范性,容易激发内部矛盾;另一方面,国家及各级地方政府对农业产业组织化发展非常重视,在资金等方面加大了扶持力度,使得一些组织形成了对政府扶持的依赖,违背了政府扶持发展农业经营组织的初衷。

由于数字农业产业链条上的各个环节对组织化经营的认知不同,现代市场经济中的契约精神欠缺,导致实施数字化管理过程中,分工协作的效率下降,产业衔接不顺畅,各种组织模式中的机会风险和道德风险相对较高,影响了数字农业高质量发展。

(二)组织交易成本居高不下

新型农业经营体系本质上是农户、家庭农场(专业大户)、农民合作社、农业企业和中介组织之间基于契约基础上的组织关系连接,也是产业组织的某种形态。① 通过产业组织联合,扩大生产经营规模,提升单打独斗的小农户在市场竞争中的弱势竞争地位。

---

① 尚旭东、吴蓓蓓:《农业产业化联合体组织优化问题研究》,《经济学家》2020 年第 5 期。

但是,市场经济中任何一项合作,都面临着信息不对称和互信问题带来的组织交易成本。

构建新型农业经营体系的目的是通过合作获得规模经济效应,提升单个农户在小规模生产导致成本偏高的弱势竞争地位。为提升经营主体的生产经营效率,龙头企业或各类农业企业需要购买一些大型农用机械等专用性投资,形成专用性资产将其绑定在契约中,而参与其中的小农户或家庭农场也从自身利益出发,希望保底分红,也就是说,小农户或家庭农场不想承担市场风险,只分享收益,那么,龙头企业或各类农业企业必然选择谨慎投资,或者只签订短期合约,这种不能共担风险的合作模式反而会增加组织成本。

对于各类农民合作社,在运营管理过程中缺乏有效的制约机制。如农机具入股的合作社在农机使用过程中,存在公共物品维护成本高问题;土地入股的合作社在运营管理过程中,需要拥有乡村能人的带领,否则,会面临较高的管理成本;对于少数以资金入股的合作社,如果没有明确的利益分配机制,则需面临较高的投机成本。

数字农业高质量发展离不开农业产业链的培育,在培育数字农业产业链过程中,需要关注产业链上下游经营主体的合作问题,而合作中居高不下的组织交易成本,导致合作关系不稳定,影响数字农业高质量发展。

(三)利益联结关系松散

国家为实现农业供给侧改革,对构建新型农业经营体系提供了一系列的扶持鼓励政策,激发了农业领域的组织创新,扩大了农业生产经营规模、培育了各类新型农业主体,总体上对促进农民增收、实现农业现代化起到了重要的促进作用。但是,从整个数字农业产业链的角度看,居高不下的组织交易成本主要问题在于组织成员间的利益联结机制松散,无法形成合力,进而限制了规模经济效应的发挥。

各类农民合作社尚未建立科学的利益分配机制。工商资本在与合作社合作的过程中,往往是只保底,做不到分红,从长期看,农民后续的合作愿望不高。而以土地经营权入股的合作社,实践时间较短,有待观察,就目前情况看,合作后的偷懒现象有待解决,监督成本高。

小农户参与的各类新型农业经营主体,利益分配机制同样不合理。一方面,政府干预下的合作过程中,政府政策向小农户倾斜,在一定程度上,干扰了利益分配机制;另一方面,多数小农户属于"风险厌恶者",小农户在合作过程中,更接受土地流转带来的固定收益,而不愿承担更多风险,但是,龙头企业或各类农业企业的投入和风险并不成正比,使得龙头企业的合作意愿下降,甚至结束合作关系。

由于前述各因素的影响,小农户参与各类新型农业经营主体过程中,违约情况时有发生,在缺乏利益保障机制的情况下,无法对违约方进行制衡,使得小农户的利益受损;另外,涉及土地经营权时,缺乏相关的政策规定,导致利益关系无法明晰。

随着农业结构的全方位调整,数字农业成为数字经济发展趋势下的战略选择,协调好产业链各环节的组织利益分配机制,有利于提高整个产业的竞争力,实现数字农业高质量发展。

五、数字农业专业人才紧缺

随着中国城镇化的深入发展,大量农村劳动力被城市的工业和服务业吸引,进入城市以获得更好的生存环境,导致农业人口流失严重。现如今许多农村青年进城打工,留在农村务农的青年越来越少,但是想发展农村地区的数字农业,不能仅仅依靠现有的老龄化农民,更需要新一代的年轻力量,更有必要拥有一支掌握智能农业、数字农业和熟练技术的相关劳动力。但是,这种既要充当劳动力,更要充当技术指导的新型职业农民的缺乏,成了发展数字农业的最大困难。同时,发展数字农业越来越重要的是人才引进,不仅要有劳动力,更要有相应的技能,因此,培养农村自有人才,以及留住人才,已经成为目前发展数字农业的重要问题。

数字农业涉及许多领域的相关知识,急需各个相关领域的人才,而现阶段高素质的人才短缺成为不可忽视的问题。经过调研发现,现有的数字农业科技服务组织存在一系列的问题,比如说机制僵化、人员老化、知识和观念陈旧、难以满足实际需求等;数字农业、数字营销方面涉及的智能化建设相关专业人才非常缺乏,这也是制约数字农业高质量发展的最大问题。

(一)现有人才储备不足

人力资源一直以来是各行各业发展的核心要素,数字农业想要实现高质量发展同样如此。随着各类生产要素的大范围流动,农业农村领域的青壮年劳动力流失严重,知识型人才更是紧缺。数字农业的发展在一定程度上,能够缓解农业领域劳动力紧张的问题,但同时也提高了对劳动技能的要求。信息技术的应用,要求农业从业者能够熟练操作相对复杂的机器和智能终端等信息化工具,这对于留守在农村的传统农民有一定难度。目前,各地方政府为解决这一问题划拨了专项资金,组织学习、培训,但受传统思想的影响,村民的学习意识不强,主动接受新技能、新知识的主观能动性不高,取得的效果并不理想。还有一些村民在掌握一些技术之后,受经济条件、眼界等因素的影响,还是选择了可带来短期利益的进城务工,最终的现状仍是人才短缺。

(二)吸引人才力度不够

数字农业高质量发展需要高技能、高素质的人才。一方面,对于既懂农业技术,又能熟练操作信息终端的农业高技能型人才来说,他们自身的社会竞争力相对较高,既能适应农村生活,又可以在城市打拼,结合家庭和社会等诸多因素,他们更多地会选择进入城市打拼,回流到农村的人员相对较少;而对于有技术、有学历的农业高素质型人才来说,进入城市打拼是整个家庭的希望,回到农村的人数也相对较少。另一方面,城市的高技能、高素质人才可以接受深入农村进行短期的相关培训指导,但是缺乏长期留在农村工作的动力。因此,在缺乏相应配套人才激励政策的情况下,数字农业对人才的吸引力有限,更多集中在少数获利较快的农业生产环节,从数字农业全产业链看,仍然存在难以吸引人才的问题。

(三)后备人才培养乏力

随着科技迭代速度的加快,能够掌握数字农业相关技术,是未来农业从业者的基本要求。对于农业领域的高素质人才储备问题,既是目前数字农业发展的瓶颈问题,也是需要长期面对的现实。总体来看,后备人才的来源还是要依赖农村人口的积累。城市人口原本对农业生产就不熟悉,对进入农业领域工作的积极性也不高,远低于农村人口,因此,后备人才还是要以现在的农村青少年为主要培养对象。但是,当下的青少年愿意留在农村从事农业生产的相对较少,特别是区域经济相对落后的地区这种问题更为突出,这是数字农业健康发展的重要障碍。

第三章　国内数字农业发展经验与启示

自"数字地球"概念提出以来,经济社会进入大数据发展阶段。为实现创新发展,世界各国均注重发展数字经济,这促使许多国家的数字农业实现了质的飞跃。我国一些地区为抓住数字农业机遇,纷纷出台数字农业相关政策,取得了丰富的成果。随着数字经济的浪潮,这些地区在数字农业发展上也取得了显著成效。因此,分析国内数字农业发展经验,可以为我国数字农业高质量发展提供重要启示。

第一节　国内数字农业发展经验

一、吉林省数字农业发展经验

我国数字农业起步较晚,但党和国家领导人以及相关部门高度重视,多次在会议中强调要利用互联网新技术、新应用对传统产业进行改造,依托数字农业提高全要素生产率,释放数字经济在农业领域的倍增作用。《数字农业农村发展规划(2019—2025 年)》的颁布,有效地推进了农业农村生产经营精准化、管理服务智能化、乡村治理数字化,促使许多地区积极发展数字农业,并在打造数字农业上积累了丰富的经验。

(一)吉林省数字农业发展概况

吉林省是我国的农业大省,是国家主要商品粮产区。吉林省的农业发展基础好,发展前景广阔。吉林省将农业信息化作为现代农业发展的起点,把以"互联网+"为代表的现代科技与农业生产经营相结合的同时与农村经济社会全方位细节融合,借此对传统农业进行重建。数字农业的核心是数据,大数据可以为农业从业人员提供合理决策以及精准手段,通过人工智能和大数据的结合使用,为农业生产提供有效帮助,将农业生产的全程变得可视化,大幅提升农业产业链运营效率,并有助于合理配置农业资源。

(二)吉林省数字农业发展经验

吉林省在数字农业方面进行了全面的发展,2017 年,吉林省开始使用卫星遥感技术监测全省范围内的主要粮食作物。对玉米和大豆的产量和长势进行监控,对水稻的面积进行计算。通过这种方法,吉林省提高了农业生产过程的信息化水平,将传统农业变得更加精细,将精准灌溉和按土施肥推广至全省范围。

吉林省通过发展农业物联网改造了农业生产流程,在人参、杂粮、玉米、水稻等多个产业引入物联网技术。吉林省共建立了 97个物联网园区,包括 36 个地区,覆盖了全省九成的县市。在此基础上,吉林省还搭建了农业物联网平台,实现了全省所有农业部门与全国农业物联网的数据交换。另外,利用云技术建立了统一的农机服务平台,利用这个平台可以对农机工作的全过程进行监控以及对关键环节进行数据采集和分析,这个平台可以为农机作业和相关的政策制定提供数据方面的支持。除此之外,吉林省为推进农村电商的良好发展,促进农村三产融合发展并实现土地增产、农民增收,加大人才引进力度,大力支持大学生返乡创业和工作,通过政策进行积极引导,鼓励个人发挥先进作用,带动农民就业。

为做好农产品溯源和灾害预警等工作,吉林省建立了农业卫星云平台为农民提供相关数据。该平台以卫星遥感技术为基础,通过对气象数据、土地数据和农业物联网数据等进行统计分析,达到了监测农田、预警预报自然灾害的功能,提供了综合性的业务。目前该平台已经在长春、延边、白山等地投入使用,当地农民使用此平台建立了全方位的试点工作。该农业卫星云平台已经向全省提供相关气象数据28万兆字节、农业生产数据3000余条、农业物联网数据500余万条。

二、黑龙江省数字农业发展经验

(一)黑龙江省数字农业发展概况

黑龙江省一直以来都被称为"中华大粮仓",作为我国粮食安全"压舱石",黑龙江省是全国排在前列的产粮大省,黑龙江省粮食年产量是黑龙江省粮食年需求量的16倍。黑龙江省人民政府于2019年发布了《"数字龙江"发展规划(2019—2025年)》,该规划强调要坚持循序渐进,区分轻重缓急,遵循信息化发展规律,围绕数据共享和数字农业升级等实施九大优先行动,全力打造具有特色的"数字龙江",带动黑龙江省经济社会数字化转型升级。

北大荒农业有着全国领先的科技进步贡献率,几乎所有的农机都已经实现了机械化,北大荒坚持发展"三个一"的数字农业模式,这个模式现已成为推动垦区现代化大农业建设的主要力量。2017年至今,农业农村部在黑龙江省建立了三个大田种植数字农业试点,这些试点针对大田种植进行精准化改造。黑龙江省五常市的乔府大院是三个试点之一,该试点包含有机水稻种植基地9000亩,是五常市面积最大的有机种植基地。该试点有智能灌溉系统和环境监测系统等智能设备,使田间管理变得高度智能化。该品牌的每一个产品都具有溯源系统,扫描产品包装上的二维码即可轻松追溯该产品的源头,使消费者放心购买。

(二)黑龙江省数字农业发展经验

黑龙江省的大数据平台已经应用于农业生产,经过实际试验和针对性完善,黑龙江省大数据平台已经为全省农业发展提供了有效帮助,使黑龙江省农业进入了全新的阶段。第一,黑龙江省农委在2017年与哈尔滨工业大学签署了农业大数据平台建设合作协议,建成了一个包含1个数据中心、2个支撑环境、16个云平台和84个业务子系统的黑龙江省农业大数据综合服务平台,该平台涉及与黑龙江省农业相关的所有领域。第二,黑龙江省以七星农场作为试点,在2018年建设了"七星农业大数据平台",在2019年开发了"科研管理平台",实现了七星农场产品品牌化、管理科学化以及农业信息化,使传统农业变得现代化。第三,黑龙江省地理信息测绘局与北大荒通用航空公司联合开发了全国第一个将北斗技术与航空植保相结合的平台——数字龙江航空植保平台,这个平台实现了真正意义上农业一体化的精准服务。黑龙江省还拥有多个农业信息网站,这些网站都可以免费为农民提供信息服务,在黑龙江省的数字农业发展过程中起到了重要作用。第四,黑龙江省建立了农业科研数据平台,使农业科研资源能够合理利用,有效地推动了黑龙江省的农业科技创新。

黑龙江省农业机械化程度高,智能机械广泛应用于各个领域,不仅是我国农业无人机使用数量最多的省份,还是我国农业无人机使用面积最广的省份。黑龙江省通过科技手段,已经构造了由农业物联网和农业遥感数据结合而成的数字农业监测系统,该系统通过获取不同农作物各种特殊农业大数据并加以计算和处理,实现了智能化的农业监测。黑龙江省为推进电子商务进农村,建设了一批综合示范县及对应的特色平台。2018年,黑龙江省有5个县区入选全国电子商务进农村综合示范县。2010年以来,黑龙江省共计有16个国家现代农业示范区。黑龙江垦区国家现代化大农业示范区广泛应用高科技农业机械,使用飞机代替人工喷施药剂每天可完成6000多亩土地的药剂喷施工作,其效率高于人工数百倍,是无人机的8倍;黑龙江垦区利用卫星遥感技术对土地进行精准测量,对应不同的土地使用相应的农药,这种方法能够在保证产量的前提下最大限度减少污染;该示范区还使用"北斗"卫星导航技术使农机实现无人驾驶插秧,这种方式相较于传统方法秧苗栽种更加均匀,是粮食丰收的有力保障。

辽阔的黑土地是黑龙江省的特色之一,因此,黑龙江省在农业方面有着先天的优势。其优势在于黑龙江省是公认的"粮仓",粮食总产量一直高居全国首位。值得注意的是,我国第一个国际级绿色食品标准化生产基地就位于黑龙江省,全国20%的绿色食品都来自黑龙江省,除此之外,黑龙江省在绿色食品加工领域也处于全国领先地位。

三、浙江省数字农业发展经验

(一)浙江省数字农业发展概况

近年来,浙江省以数字浙江作为起点,将农业数字化改造作为发展的首要方式,促进数字化技术全面与农业生产全过程相结合,浙江省的数字农业目前发展势头良好。2019 年,浙江省有 20 个地区被评为先进县,12 个项目被评为先进项目,分别占全国总数的 20% 和 12.5%。浙江省广泛应用数字技术,在种植业和畜牧业等多个领域均可以看到浙江省数字农业的发展进程。在家庭农场、农民合作社和农业企业等主体中也可以看到浙江省对数字农业的支持力度。同时,受浙江省商业环境的影响,浙江省的农村电子商务产业突飞猛进。浙江省形成了一批具有标志性的第三方农产品电商平台。当前,浙江省共有约 130 个专业镇和 1253 个电子商务专业村,分别占全国的 32% 和 37%,除此之外,浙江省的相关各项指标均居全国首位。

(二)浙江省数字农业发展经验

早在 1998 年,浙江省便已建立农业信息化平台,是当前浙江省数字农业的最早雏形。2005 年,浙江省启动了"百万农民信箱工程",一年内就有百万用户注册并使用了该系统。浙江省依托该平台的建设,又打造了万村联网项目,该项目覆盖了浙江省所有村落。2010 年后,随着农民信箱"云平台"的建成,浙江省又推出了掌上农民信箱。该系统用户已经达到 286 万户,手机掌上系统用户也已经达到35.2万户。掌上农民信箱系统每年发送消息大约14.6亿条,发送邮件大约8.5亿封,从现有的数据来看,平均每天有200万人使用该系统。

浙江省始终坚持强化数字农业农村基础支撑能力和信息基础。2018年,浙江省九成乡村接入了宽带,所有村都通了电话和移动讯号,达到了百分之百全覆盖。每百户农村农民拥有电脑72台、手机243部。此外,浙江省建立了信息平台,包括综合性网站和农民信箱等,这些公共服务平台为浙江省农业信息化服务体系建设提供了平台支撑,进而将浙江省农业信息集中到平台内。需要注意的是,数字农业的重要支撑便是互联网,因此,浙江省万村联网工程得到推进,每一个行政村都有属于自己的网站,一千多个乡镇建立了农业信息服务站。浙江省自2016年以来,依托电子政务将与农业相关的所有领域数据进行整合,建立了全省农业大数据中心,目前已经拥有数据两亿多条。浙江省按照国内最高标准建立了农村信息服务体系,该体系利用每个行政村的便民服务中心和农民信箱村级联络站以及银行网点等固定地点,推动农业信息社的建设。

浙江省大力推广的农业生产数字技术有着多种应用。推广智能控制和主动灌溉等技术可以有效节约成本,这些技术的原理是通过采集不同环境中的重点环境因子,自动调控相关设备从而建立智能管理体系,使农户增产增收。目前,浙江省已有371家农户进行了数字技术改造。在养殖家禽的时候也可以用智能环境控制系统实现精准饲喂,达到疾病防控和资源利用最大化的效果。数字技术可以推进畜禽圈舍应用集成化的数字设备,打造国内领先的数字化畜禽圈舍。浙江省将农村电子商务作为发展数字农业的最大动力。浙江省贯彻落实电子商务进万村工程,打造了多种具有不同特色的针对性农产品电商模式。浙江省现有多个电子商务产业集聚区和农业创业园,培育了一大批现代农业新主体。

四、内蒙古自治区数字农业发展经验

(一)内蒙古自治区数字农业发展概况

随着数字技术的发展,内蒙古地区通过建设数字农业有效降低了农业成本,节约了农业资源,实现了增产增收,使农业更加精准化发展,为农业数字化与信息化提供了全新发展思路。内蒙古自治区包括一些半农半牧区,耕地资源和牧草资源丰富。作为欠发达地区,内蒙古自治区将数字农业建设看作为重要机遇,并将数字农业作为实现乡村振兴的重要途径。

通辽市是内蒙古数字农业发展的典型代表之一。通辽市的主要民族是蒙古族,是典型的少数民族聚集区,是典型的半农半牧区。通辽市共1个市辖区、1个县级市、1个县、5个旗。总人口约316.36万人,少数民族人口占比约53.4%,其中超过六成是农业人口。通辽市的产业特征体现在两个方面:一是粮食产业;二是肉类及奶制品产业。在基础设施建设上,通辽市农业基础设施相对而言较完备。当前,通辽市已实现每个村都有固定电话,近八成的农村实现了宽带覆盖,农村有线电视覆盖率达到90%。此外,通辽市已建成大量农业科技示范园区,并为农牧民提供培训,已经有十余万名农牧民接受了相关培训。同时,通辽市农村科技服务站的工作人员有近两千人,将农技推广到每个镇级单位。

(二)内蒙古自治区数字农业发展经验

内蒙古自治区利用我国自主研发的北斗卫星定位系统进行农业数据收集。该系统对玉米、水稻以及整个农业产业链的数据均能够有效监测。当前,内蒙古自治区依托独特的农产品建立数字化的农业园区和现代生产基地。在具体的数字农业管理中,强调部门整合,有序推进农业大数据建设。同时,在农业发展过程中,内蒙古自治区积极采用遥感技术监测,并广泛应用自动化和智能农业设备,例如在联合收割机和其他大型机械设备上安装数字技术导航设备,以及水和农药的可变应用设备,该计算机还可以用于温室控制和管理,以监控农民所需要的时间数据,例如光照时间、温湿度和温室中的农作物生长情况。

牧业主导区的主要发展领域是畜牧业,该区域耕地面积少、草场面积多,从事畜牧业的人员数量高于从事种植业的人员数量。该区域人均55头大牲畜,成活率接近百分之百。目前,通辽市222个大型养殖场和90个专业养牛村。在通辽市未来的数字农业管理中,亟待建立针对不同规模畜禽养殖场的直接数据报告系统,也必须要建立相应的畜牧业信息监测平台。同时,内蒙古自治区畜牧业中积极应用了专业化的智能设备,使畜禽生长环境得到监测,以实现对不同畜禽精确喂养,畜禽流行病的诊断和预防。但是,当前牲畜养殖并无较高的统一标准,全行业的标准普遍较低。其数字化发展的重点是控制从出生到销售的所有生产环节,增加人均饲喂量,形成规模化养殖,保证成活率,稳定牲畜价格,加强相关基础设施保质保量建设,实现绿色饲养、数字管理的发展模式。

内蒙古农牧结合区的农牧业发展相对均衡,草原面积与耕地面积大致相当。从事种植业的人员数量基本等于从事畜牧业的人员数量。但目前农牧业一体化发展程度较低,农牧业综合生产能力尚未发挥。未来农牧结合区要坚持养中有种、种中有养的融合发展之路,在数字化进程中将种植业和畜牧业有效结合,促进数字农业高效发展。在数据库管理中,应加强与农牧区的实时衔接,对涉农数据进行分类并对其归属予以明确,采取多种措施重组农业数据资源,实现农业数据的共享。同时,内蒙古地区不仅注重农牧业智能设备的开发和引进,还注重粪便处理智能装置的应用,进而实现畜禽粪便的资源化利用,推进草畜结合的新型农业模式。

五、新疆维吾尔自治区数字农业发展经验

(一)新疆维吾尔自治区数字农业发展概况

新疆维吾尔自治区的信息化技术与农业生产广泛融合。2018年,新疆农用北斗终端约 2500 个,约 4 万平方公里的土地采用了农业北斗终端定位导航系统来辅助拖拉机驾驶,有五百多架植保无人机用来对植物进行智能喷雾。植保无人机技术使用面积高达 3.3 万平方公里。精密施肥技术、变喷技术、智能滴灌等数字农业技术也处于实地试验阶段。2018 年,精细化播种面积 28.3 万平方公里,农田节水灌溉 18.3 万平方公里。示范区使用数字智能设备的示范点数量已超过 35 个。农机深层作业面积约为 5.1 万平方公里,安装相关监测器 3500 百台,所有新疆农机都已经实现作业信息的远程监测。在主要产棉县,例如沙湾县,新疆维吾尔自治区推进了精准棉花播种和残膜机械回收质量监测,总面积 1300 多平方公里。

北斗卫星导航系统是一种全球卫星和定位通信系统,由中国自主开发和运营。系统联网已于 2020 年 7 月完成并正式开放,以"中国智慧"为样板实现全球应用,新疆维吾尔自治区非常重视北斗系统在精准农业领域的应用。20 世纪 90 年代,新疆兵团就倡导并实施了以精准灌溉、精准播种、精准收割、精准施肥、精准监测为主要内容的六种精准农业技术。2014 年,随着国家农业机械购置补贴目录中"农业北斗终端(包括渔船)"的实施和国家发改委相关产业化项目的实施,基于北斗导航的自动驾驶系统开始在石河子市第八师区进行探索和应用,并形成规模,未来将投入具体使用。截至目前,石河子市第八师已推广北斗自动驾驶导航系统 3000 余套,越来越多的农机选择安装北斗系统,服务面积达 20 万平方公里。第八师石河子市的成功案例,促进了北斗导航农机自动驾驶技术在新疆乃至全国的推广应用。2019 年,全国装机容量约 7000 台,首次实现了中国单精度农业技术的大规模应用和推广。

自党的十八大以来,在党中央的高度重视下,经过多年的建设,新疆生产建设兵团的农业信息化基础设施得到了明显改善。宽带网络基本上覆盖整个农场,全团百分之百办理了宽带业务,全团八成的农户拥有自己的机房,新疆生产建设兵团现已拥有 342 个农业网站,其中三成由政府或官方组织建立,政府为农场提供各种农民所需要的信息。新疆兵团数字农业建设也取得了非凡的成就,在农业生产的研发与营销方面有着卓越的成果。其中第八师石河子总场获批了国家优质棉数字农业建设试点项目。新疆维吾尔自治区还建立了集种子质量实时监测、土壤湿度和所含养分精确管理、精准收获于一体的数字农业集成应用,该应用以石河子大学为主要研发单位,中国农机院和中科院遥感所等十余家单位共同构建。

(二)新疆维吾尔自治区数字农业发展经验

农产品电子商务是新疆维吾尔自治区数字农业发展的主要内容。新疆维吾尔自治区拥有 36 个国家级电子商务进农村综合示范县,拥有中央财政资金 7.2 亿元。其中:22 个县为国家级扶贫开发重点县,占示范县总数的 61%;14 个深度贫困县,占示范县的 39%,占全疆 28 个贫困县的一半。目前新疆维吾尔自治区所有的农业示范县共建设了 43 个县级农村电子商务运营中心、71 个物流中转站、1867 个乡村电商服务点,电子商务在农村脱贫攻坚中的作用不言而喻。

多年来,在东部地区农村电商发展"领头雁效应"的指导下,新疆生产建设兵团农业电子商务相关系统已经建立,覆盖了所有与农民实际生活相关的供需信息,提供流通、交易、招标、营销等服务。鼓励电信运营商、电信服务商和相关金融机构合作建设一个以农资和农产品为主题的移动电商服务平台。同时,新疆生产建设兵团积极建立电子商务产业园等电子商务平台示范园区,依托中央国家机关和省级帮扶平台,建设新疆特色林果科技园和新疆电子商务科技创业园。此外,新疆生产建设兵团在阿里巴巴淘宝和京东电子商务平台建设了"新疆生产建设兵团馆",打破了时间和地理限制,拓宽了新疆生产建设兵团农产品销售渠道,在增强新疆生产建设兵团特色农产品品牌效应的同时大量减少了营销成本。随着电子商务扶贫项目的大力推进,新疆南部各区县农产品电子商务发展取得了显著成效,为实施"互联网+农产品"项目走出农村走进城市打下了良好的基础。通过实体店与电子商务的规范化结合,新疆生产建设兵团企业取得了良好的经济和社会效益,农业电子商务呈现增长趋势。随着兵团对农村电商基础设备和网络平台建设的不断投入,地方电子商务企业数量的增长和电子商务从业人员的稳步增加,农产品通过网络销售的比例不断增加。值得注意的是,在2019年,我国网络销售的特色农产品占比约为百分之十,其中超过三成为通过网络渠道销售的新疆特色苹果。

新疆维吾尔自治区发展高效种养业数字技术应用水平初见成效。国家发改委批准实施《新疆生产建设兵团重大应用示范工程区域试点工作方案》以来,新疆生产建设兵团组织实施了"智能农业信息技术应用示范工程",实地开展了重点研究和试点应用。第四、第七、第八师等地区都开展了智能农业物联网试点,实现温室温湿度智能监控、温室全天候安全监控和温室产出农产品溯源;第六、第八师农业灌溉物联网平台已经投入使用并且效果良好,实现了改善农田土壤质量、化肥有效高质量管理、信息良好交流等目标;来自第六、第七、第八师的农机物联网项目现在处于加速建设中,基本可以通过数字化的方法自动管理农机档案,这个项目能够全方位多角度监控农机作业过程,快速分析农机作业需求,实现农机作业高度自动化,解放农民的双手;第八师运用相关数字农业技术,在奶牛饲养等方面取得了重要成果。通过基于"4G"网络的手机移动端,实现了对奶牛的全天候智能监控。同时利用近红外技术,建立了养牛场附近所需原料的红外数据库,对160多种不同指标进行持续性检监测。通过数字技术,对不同养牛厂各自的运营周期和饲喂标准进行单独分析,最终为每一家养牛场设计出符合其特定标准的科学配方,最大限度为其节约成本。

综合来看,新疆维吾尔自治区已开始建设农业大数据应用中心和农村大数据应用中心,建成了新疆农业和农村综合执法平台,并积极建设自治区农产品质量安全监督追溯管理信息平台。新疆农村土地登记平台为新疆农业和农村大数据的建设提供了最新支持,该平台可以提高农业和农村大数据的采集和处理能力,为辅助使用者做决策创造条件。在电子政务的发展中,新疆维吾尔自治区已经全面建立了办公自动化系统,覆盖了自治区农业和农村部门以及14个州农业局,全面实现了农业农村无纸化办公,在各级单位之间有效进行了信息资源共享。自治区农业和农村地区以及县农业局的农业应急指挥视频调度系统已经完成。依托自治区电子政务网络,实现了农业农村部和自治区农村与县农业局的视频化多级在线会议的互联,农业应急指挥视频调度系统正在推广到试点各级农业局。

第二节　国内数字农业发展经验的启示

一、强化政府对数字农业的关注度

(一)制定相应政策

鉴于硬件和软件开发成本高昂,应制定一些优惠政策以支持数字农业的发展。农民分户经营,农业规模小等种种原因都不利于数字农业技术的推广。政府有关政策需要进行合理调整,发展各种形式的规模管理,引导农民主动接受。数字农业相关基础设施建设和示范园区建设可以由地方农业发展基金出资,地方政府给予适当的补贴。有关部门应创新工作内容,共同为数字农业系统、数字农业应用系统和运营管理系统的逐步形成提供优质的针对性服务,并学习运用发展的眼光帮助农民解决实际生活中遇到的问题,使农业信息技术能够不断进行数字化转型。同时,我们应探索必要的监管方法和机制,以确保农业数据的安全和数字农业的健康发展。

(二)提供财政补贴

国家财政在科研成果上提供了大量补贴,这使得从事数字农业的科研人员可专心研发农业技术,而无须为科研经费分心。他们的研究机构可以长时间维持稳定良好的运行。在数字农业发展的过程中,财政补贴往往是支撑的重要环节,因此,各地政府也需要对相关的农业企业予以一定的财政补贴支持。各级政府应当将推动农业数字化作为公共服务职能,并在服务农业技术的基础上为数字化农业提供支撑。

二、创新数字农业社会融资渠道

发展数字农业需要整个社会的参与和支持,包括良好的市场环境和顺畅快捷的融资渠道等。我国政府每年对农业相关财政投入不小,但效果却不理想。究其原因是金融投资方向存在问题,所以有必要优化财政资金对农业产业的投资结构。

在数字农业的建设过程中经常会涉及软件设计、从业人员培训、计算机系统运行与维护、配套设施供应、高端人才引进等多方面的问题。显然,这些问题仅依靠农业企业很难解决,因此,需要政府部门在财政上提供一定的支撑。当然,农业企业在数字农业建设过程中也起着较大的示范作用,这些企业在推动农业安全以及农业基础设施建设上具有突出的贡献,能够推动农业数字化进程快速地有效发展,对数字农业持续稳定研发提供有力保障。

数字农业的发展还应充分鼓励民间资本进入,借助民间资本力量来提供支撑。各级政府不仅应逐年有序安排增加数字农业专项资金,还要积极拓宽数字农业的相关融资渠道,鼓励和吸引民间资本流入数字农业领域,构建多元融资机制,促进数字农业在多元融资中快速发展。

我国要重视数字农业数据库建设的公益性,要通过数据库吸引农民进入数字农业建设的行列中,积极发展公益基础设施建设,推广性价比高的数字农业模拟系统,确保农民能够有效参与数字农业的发展,促进传统农业向数字化转型。

三、强调数字农业科技培训

在数字农业的发展中,人才短缺是一个很大的问题。因此,我们应重点培养农业科技人才,特别是数字农业技术人才的培养。地方高等学校应结合本区域的农业特点,建立数字农业技术专业,培养专业性更强的定向人才,并通过多种形式,特别是产学研三者相结合,引进数字农业科技人才。加强对现有农业相关从业人员的数字化培训帮助他们更新知识储备和提高专业技能,以满足数字农业发展的最新要求。为了更好地加强数字农业发展的总体协调和技术指导,建议地方政府的农业农村工作部门应分别设立具有数字农业专业知识和数字农业专业技能的干部培训部门。

除在高等学校建立相应学科,培养数字农业专业人才外,还应根据不同区域的农业特色,进行数字农业技术人才的差异化培养模式,并积极突破数字技术教育培训的发展瓶颈。具体而言,可以通过联合办学或引入社会力量办学等全新模式进行专项教育。为培养更多熟练掌握专业技能和了解特色农业的数字化人才,应结合数字化农业基地与当地农业资源,二者共同建设、协同发展。由于当前数字农业生产技术水平并不高,因而,农业数字技术的开发、推广和应用成为数字农业发展的重心之一。同时,考虑到农民素质普遍不高,因而,要注重培养新时代农民,对这些农民进行数字化技术培训,并建立数字农业推广小组,促进数字农业与农村教育的有机结合,对相关农业从业人员进行特殊培训,为我国数字农业建设提供足够的劳动力资源。

四、制订相应发展计划

政府部门应当根据不同地区的经济条件和发展前景、农业基础设施建设情况以及该地区对数字农业的具体需求等方面的差异,打造符合各地区不同要求的数字农业发展战略,每个地区的战略既要符合总体规划,又要考虑当地特色,同时各地政府积极打造具有地方特色的数字农业发展方案。这些方案需要具有可实施性。基层单位的各个部门要相互配合,共同与本级政府协同推动数字农业的发展,实现物尽其用、数据共享、协同发展的良好局面。

农业高质量发展和乡村振兴对发展数字农业提出了更高要求,数字农业是新技术革命的大势所趋,也是经济发展的必然要求。当前,农业产业中以信息采集和数据处理的智能化全新生产方式已经开始全面发展,地方政府要顺应形势,抓住机遇,着力提高所有居民的数字化思维,培育对数字农业的认识,提高关于数字农业的专业素养,建设符合新时代要求的数字农业发展观,从而发展数字农业,为数字农业新技术添砖加瓦,与所有农民共享数字农业带来的良好收益。

各级政府要根据党中央提出的发展目标和具体要求,结合当地"十四五"规划的具体编制,因地制宜地进行规划。发展符合地方特色的数字农业指导思想和有针对性的配套政策,防止出现千篇一律的情况。并根据总体规划和大致框架,有重点、有侧重地制定不同地区的产业项目规划,把发展数字农业的目标拆分开,具体落实,加快发展以"新机会、新基座、新引擎"为特征的新时代数字农业,坚持按年份增加农业数字经济在农业总产值中的含量,加强农产品电子商务占农产品总交易额的增长态势,促进农村互联网继续普及,不断开创数字农业发展新水准和新高度。

五、强调数字空间与实际社会的互动融合

各地应着眼于高质量农业发展的总体目标和要求,强调数字空间与实际社会的互动融合,选择正确的突破点,把握重点,根据当地情况调整措施,积极开展工作。稳步抓好多个试点项目和示范基地,按部就班推广数字农业。

(一)发展新的农业形式

我们应积极发展基于互联网的新形式,例如智能农业和精准农业,适当地重组相关产业组织,重新把握相关产业生态,深化农业电子商务的使用和发展,着力发展数字农业和农业电子商务项目,如新鲜农产品的直接供应和直销,休闲农业的在线营销,然后整合第一、第二和第三产业。

（二）保证农副产品的质量

推进质量安全管理和控制全程监督,确保农产品生产具有统一标准,方便消费者进行识别和追溯,建立健全数字农业相关的监督追溯和数据收集机制,确保农产品质量和食品安全。

（三）促进农村管理服务示范

在生产和经营环节都逐步实现数字化的同时,要促进管理服务也同步向数字化转型,在农村资金、市场信息、废物回收再利用、数字农业金融等领域发展针对性服务,并扩大到农村治理体系,从而实现产业与治理同时数字化的美好局面。

通过对当前国内数字农业发展现状和问题的梳理,挖掘影响农村数字农业发展的主要因素,从多方面、多角度对影响数字农业发展因素进行全方位分析。现阶段,农村正在不断进行数字农业改造,数字农业是农村在新时代发展的有效工具,是农村平稳快速前行的不二选择。分析数字农业产生的数据资源可以帮助农民根据市场实时信息的改变而快速地进行适应性调整,提高农业管理水平,提升农业生产力;数字农业的发展将打破产业壁垒,为农村带来更多跨产业的高素质人才,为农民提供更多的就业机会,为新时代的农村发展提供更多可能性。

第四章　数字农业高质量发展评价指标体系构建

数字农业发展水平代表了一个国家的农业现代化建设水平。科学合理的数字农业高质量发展评价指标体系,可以为评价、监测、预警以及调整数字农业高质量政策提供科学依据,对我国实现农业现代化具有积极的促进作用。

第一节　数字农业指标评价原则

数字农业高质量发展评价体系涵盖多个方面,且涉及较多影响因素,各个因素间相互作用,形成了一个复杂、密不可分的有机整体。建立数字农业高质量发展评价指标体系必须遵循一定的指导原则,以确保评价的客观、有效与科学。总体而言,构建数字农业高质量发展评价体系应遵循科学性、系统性、可操作性、动态性、区域特色性原则。

一、科学性原则

科学性原则要求科学合理地选取各个指标。具体而言,首先,这些指标必须能将高质量发展的状况客观真实地反映出来,或是客观真实地反映出数字农业高质量发展的某一特征或方面;其次,各个指标间还应具有相应的联系,而这些指标所构成的一套体系能够全面反映出高质量发展状况;最后,还应注意到,在选取指标时应避免指标数量过多,进而防止部分指标相互重叠,因而,在能够客观真实反映高质量发展水平的前提下,应力求指标体系科学、精简。

二、系统性原则

在数字农业高质量发展指标体系的构建过程中,系统性原则是指各个指标间应具有相应的逻辑关联关系,每一指标都能反映出高质量发展的某一特征或方面所具有的表现水平,且各个指标间既相互关联又相互独立。具体而言,若将数字农业高质量发展作为一个系统来看,这个系统中包含了若干个相互独立且相互关联的子系统,全部的子系统又共同组成了数字农业高质量发展的总系统。每个单元的表现水平将由一个指标反映,每一个子系统中的全部指标组成了该子系统的体系,而所有子系统中的指标体系又共同构成了总的指标体系用以衡量高质量发展体系的整体状况。

三、可操作性原则

在数字农业高质量发展指标体系的构建过程中,可操作性原则要求每一个指标的选取都应实现可量化。一些指标虽然在理论层面上完美,但却难以进行实践操作,例如数据难以收集或缺乏可比性等难题。因而,在构建数字农业高质量发展指标体系时,应确保其可度量和可操作,即各个指标数据可收集、可定量处理,且具有可比性。

四、动态性原则

动态性原则要求所选取的高质量发展的评价指标能够动态反映我国高质量发展状况。也就是说,各指标能够对不同时段的数据进行衡量,能够体现不同时段数字农业高质量发展的不同程度,即每一指标应具备一定的时间尺度。在实际操作阶段,动态性原则是指能够通过收集到不同年份的数据,对不同年份的数据变化进行收集,便可以得到能够反映数字农业高质量发展水平的时间序列。

五、区域特色原则

对数字农业高质量发展评价体系而言,既要真实反映出我国的农业特征,又要将实现高质量发展这一要求体现出来。不同区域内的数字农业高质量发展评价,由于空间和时间的不统一所产生的差异性较大,地域性较为明显,而这种差异对区域间的数字农业高质量发展评价上的不同具有较大程度的决定性,因此,在构建指标体系时应将反映这种区域特色的指标包含在内。在数字农业高质量发展评价中坚持区域性原则,可以确保即使处于相同层次的指标体系中,数字农业高质量发展评价指标体系也可以尽可能地反映区域间的差异,可以充分发挥出各地优势。

六、独立性与协同性相结合原则

数字农业高质量发展指标体系应明确目标,且能够定位清晰,与既有的数字农业高质量发展指标体系相比具有较大的创新性。与此同时,指标体系还应与现行的政策指标体系和统计体制机制相协调、相联系。因此,数字农业高质量发展指标体系的构建应考虑周全,在了解当前的政策指标体系和统计体制机制现状的基础上,具有一定的创新性。

七、完整性与简洁性相结合原则

在一些指标的数据理解中容易存在偏差,因而指标体系应完整和充分,同时,也应注意在评价指标的选取上简洁化,不能过于烦琐,应尽可能用较少的评价指标衡量农业高质量发展各维度的特征。

第二节 评价指标体系构建思路和基本框架

为了制定科学合理的评价指标体系,课题组查阅了大量已有的关于"数字农业""农业高质量发展""农业信息化"等评价指标的相关文献,深入探讨和研究了数字农业高质量发展评价指标的特点、规律,为指标体系构建提供理论依据。

一、数字农业高质量发展评价指标体系的构建思路

构建的指标体系应能够对我国数字农业高质量发展水平量化且全面地评价,同时,可以依据评价的结果有针对性地制定措施,

从而完成数字农业高质量发展的目标。由于存在技术成本、从业人员素质等问题,我国数字农业高质量发展仍面临一定难题。因此,在构建指标体系时,不仅应考虑资源,也应考虑技术、人员等指标。同时,数字农业高质量发展也应注重经济效益与生态环境的平衡。因此,指标体系应从以下五个角度展开探讨,即数字生产、科技创新、效益水平、产业多元融合和信息化发展。依据评价的目的要求向农业专家咨询,在与农业专家的沟通中进行完善,并积极搜集相关文献,根据专家对一级指标的意见确定二级指标。最终依据指标选取原则,构建科学合理的数字农业高质量发展评价指标体系。

二、总目标框架

数字农业高质量发展是以农业数字信息为核心,通过结合大数据分析、物联网、云计算等数字网络技术,将农业与现代数字技术深层次融合,能够在数字生产、科技创新、效益水平、产业融合、信息化等方面完成高质量发展的目标,并促使数字农业发展状态处于较高水平。构建数字农业发展指标体系为我国各地区正确评价和认知数字农业发展状况提供依据,促进各地区在发展数字农业过程中发现问题,明确方向,主动纠偏,进而促进数字农业全面实现高质量升级发展,促进农村进步,实现小康。

根据数字农业高质量发展的内涵,将数字农业高质量发展指标体系划分为三个层次,即目标层、准则层、要素层。从数字农业高质量发展的总目标出发选取指标,分解出准则层评价指标,形成数量适宜的准则层指标体系,它能够充分反映目标层的不同内容,进而再将各个准则层指标分解为不同内容的要素层具体指标。依据本书对数字农业高质量发展的界定,设计数字农业高质量发展指标体系基本框架,如图4-1所示。该基本框架共包括数字生产、科技创新、效益水平、产业多元融合、信息化发展5个一级指标,生产物资装备、资源减量水平、农产品质量、科研投入及成果转化、农业平台建设、发展成果、产出效率、产业延伸水平、产业融合水平、农业信息化基础设施建设、农业服务信息化水平11个二级指标。

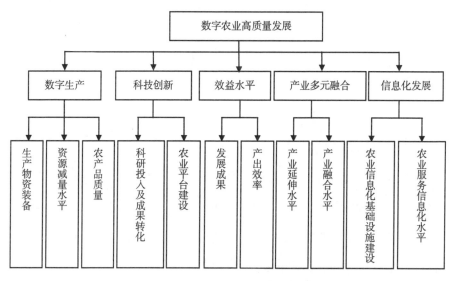

图4-1 数字农业高质量发展指标体系基本框架

三、数字农业高质量发展子目标分解

依据数字农业高质量发展的概念界定,将数字农业高质量发展分解为五大要素层指标,即数字生产、科技创新、效益水平、产业多元融合以及信息化发展。

(一)数字生产

数字生产既是数字农业高质量发展的基础,也是作为衡量农业生产力水平、农产品质量和可持续发展能力的基本指标,选择生产物资装备、资源减量水平、农产品质量 3 个二级指标,反映数字生产能力。

生产物资装备水平是实现传统农业向现代农业跨越的关键条件;资源减量水平是反映数字农业绿色可持续发展情况的重要指标,数字农业高质量发展必须坚持走绿色发展之路,处理好生态环境保护与经济发展的矛盾;农产品质量已成为当今普遍关注的焦点问题,提升农产品质量是数字农业高质量发展的必然要求。

(二)科技创新

科技创新是数字农业高质量发展的动力源泉,包括科研投入及成果转化和农业平台建设 2 个二级指标。传统的依靠资源消耗的粗放型增加方式显然已不适合当今农业发展,数字农业的高质量发展亟须新生产要素的技术创新。因此,研发经费投入强度、科研机构和科研人员数量、专利申请数量、科技成果转化等已成为数字农业高质量发展的重要影响因素。

(三)效益水平

提高效益水平是数字农业高质量发展的关键,是实现乡村振兴的重要基础和关键支撑。选择发展成果和产出效率 2 个二级指标:发展成果可通过农村居民可支配收入的提高、城乡人均收入差距的缩小、农业品牌知名度的提升等方面进行测度;产出效率可通过耕地产出比、单位播种面积产出、农业劳动生产率等方面进行测度。

（四）产业多元融合

农业发展水平的重要标志是农业产业多元融合情况，这对数字农业发展质量的测量具有重大意义。近几年来我国高度关注农村产业融合发展，明确构建农村一二三产业融合发展体系，并实施农产品加工业提升行动、农村一二三产业融合发展推进行动等一系列重要措施。在此，计划选择产业延伸水平和产业融合水平2个二级指标，通过农产品加工业产值比值、农业服务业产值占比、乡村非农就业占比等具体指标进行测度。

（五）信息化发展

农业信息化对数字农业高质量发展具有重要战略意义，能够带动农业现代化，有效促进农业和农村经济发展，选择农业信息化基础设施建设和农业服务信息化水平2个二级指标。农业信息化基础设施建设可通过互联网普及率、农村信息化基础设施投资额的指标测度；农业服务信息化水平可通过益农社、农村信息服务站及电商服务站的覆盖率、农村信息服务人员占比等具体指标测度。

第三节　数字农业指标评价方法

1970年，美国著名运筹学家萨蒂（Saaty）首次提出层次分析法，即Analytic Hierarchy Process，简称AHP。层次分析法法通过建立科学合理的递阶层次结构，随后确定权重并排序，进而经过分析规划出解决问题的对策①。基于此,数字农业高质量发展评价作为一项复杂的系统工程,涉及较多因素,因而采用层次分析法来进行指标评价。

一、建立结构模型

建立结构模型之前应对指标间的关系进行判断,并将各指标划分层次。每一层下属指标应有一个隶属上层(该上层是确定且唯一的),随后便可以构建结构模型。由于建立的结构模型的优劣直接影响最终综合评分的科学性,因此,结构模型的建立是层次分析法中非常重要的关键要素。

二、构造判断矩阵

在确定结构模型后,需要将每一层的指标按照标度(通常是1—9比例)进行两两比较。评定每一个指标的得分时参考其对上一层指标重要性进行判定。并按照此方法获得专家对所有指标重要程度的打分。

三、计算指标权重

在构造判别矩阵后,需要计算该矩阵的特征值和特征向量,进而进行一致性检验,最终得出所有指标的权重(矩阵中每一个指标对应特征值所对应的特征向量归一化后的数值)。

四、计算综合评价得分

计算综合评价得分时,需要将各指标权重与指标相乘并加总。

---

① 邓雪、李家铭、曾浩健、陈俊羊、赵俊峰:《层次分析法权重计算方法分析及其应用研究》,《数学的实践与认识》2012年第7期。

上述层次分析法基本流程如图4-2所示。

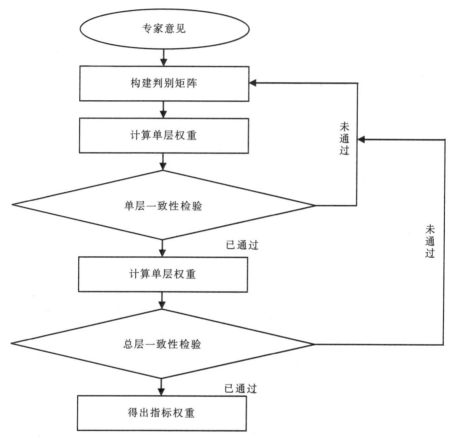

图4-2 层次分析法基本流程

第四节 数字农业高质量发展评价 指标筛选与权重确定

依据已有的相关研究,在整理、归纳和统计分析的基础上,对相关统计指标进行梳理和汇总,并征询专家意见,增删指标,最终形成较为科学合理的评价指标体系。

一、数字农业高质量发展评价指标梳理

以"数字农业高质量发展"为主题词,共检索到相关文献 17 篇,经过对这些相关文献进行查阅发现其中并未涉及关于数字农业高质量发展评价指标体系构建的相关内容,因此课题组进一步扩大检索范围,以"农业高质量发展""数字农业""农业信息化"为主题词,检索到具有明确评价指标体系的中文文献共 21 篇,对相关指标进行汇总和整理,共计整理相关指标 71 个,按照 5 个准则层、11 个要素层的基本框架进行归类整理,如表 4-1 至表 4-5 所示。

表 4-1　数字生产相关评价指标

准则层	要素层	指标层	
数字生产	生产物资装备	1	农业机械化水平
		2	有喷灌等设施的耕地面积比重
		3	高标准农田建设面积
		4	生产信息化水平
		5	农业物联网水平
	资源减量水平	1	化肥使用强度
		2	农药施用强度
		3	农业环境污染物排放强度
		4	农村人均用电量
		5	新增耕地面积
		6	森林覆盖率
		7	水土流失综合治理面积
		8	万元农业增加值用水量
		9	万元农业增加值能源消耗量
	农产品质量	1	农产品合格率
		2	绿色农产品供给比重
		3	农产品质量安全追溯体系建设
		4	农产品地理标志认证累计数
		5	"二品一标"产品总数

表4-2　科技创新相关评价指标

准则层	要素层	指标层	
科技创新	科研投入及成果转换	1	农业企业专业技术人员数量
		2	科研机构数量
		3	专利申请量
		4	R&D 经费投入强度
		5	技术市场成交合同金额
		6	农业科技人员比例
		7	农业科技进步贡献率
		8	农业生产经营人员平均受教育年限
	农业平台建设	1	数字农业推广应用基地数量
		2	数字农业示范园数量
		3	龙头企业信息化水平
		4	数字农业农村建设项目数量

表4-3　效益水平相关评价指标

准则层	要素层	指标层	
效益水平	发展成果	1	农村居民可支配收入
		2	城乡人均收入比
		3	农业品牌占比
		4	农业产值比重
		5	农产品电子商务交易额
		6	农信产业对 GDP 贡献率
		7	淘宝村数量
	产出效率	1	耕地产出比
		2	单位播种面积产量
		3	农业劳动生产率
		4	农业产出效益
		5	农业产值比重
		6	家庭承包耕地流转比重

表4-4 产业多元融合相关评价指标

准则层	要素层	指标层	
产业多元融合	产业延伸水平	1	农产品加工产业比值
		2	乡镇农产品加工相关企业占比
		3	农业从业人数占比
		4	国家级农业产业化企业数量
		5	农业示范区数量
		6	涉农企业比重
	产业融合水平	1	乡村非农就业占比
		2	农业服务业产值占比
		3	城镇化率
		4	农业保险深度
		5	电商服务站行政村覆盖率

表4-5 信息化发展相关评价指标

准则层	要素层	指标层	
信息化发展	农业信息化基础设施建设	1	农村宽带入户率
		2	人均农村投递线路长度
		3	互联网普及率
		4	农业农村信息化财政投入
		5	农业农村信息化社会资本投入
		6	电脑普及率
		7	每百人智能手机拥有率
		8	每百户智能电视拥有率
		9	4G以上网络覆盖率
	农业服务信息化水平	1	农村信息服务人员占比
		2	农业信息数据采集频率
		3	有农业信息服务机构的村占比
		4	农产品网络销售率
		5	信息进村入户村级信息服务站行政村覆盖率
		6	益农信息社覆盖率
		7	农民合作社总数

二、评价指标的筛选及确定

依据科学性、系统性、动态性、可操作性、区域特色性原则,在征询专家意见的基础上,根据指标的具体情况进行筛选,主要考虑以下三个方面因素:

第一,数字农业高质量发展评价指标具有明显的时代性与动态性。有些指标已经不具有实际意义,例如每百户农村居民家庭电视机拥有量、每百户农村居民家庭固定电话拥有量等评价指标,显然已不具有统计价值。同时,近年来在《中国数字经济发展白皮书》《中国数字经济发展指数白皮书》等报告中,"淘宝村数量""数字农业农村创新项目数量"等指标受到普遍关注,且与数字农业高度相关,应将其纳入指标体系之中。

第二,评价指标内涵应明确清晰。在对评价指标的研究过程中发现,有的评价指标难以测度,如"农民思想开放意识",该指标主观性强,难以评价。还有一些指标内涵较宽泛,如"农业信息化价值链""农业信息化战略""农业信息化组织链"等指标便存在内涵不明确及宽泛的问题。因此,这些指标的内涵必须明确,只有这样,数字农业高质量发展水平的评价才能顺利进行。

第三,指标名称应规范统一。不同评价指标应有明显区别,且测量统一问题的指标应规范统一。一些指标虽然具有不同的名称,但其本质上的内涵基本相同。如"农村电话机用户比重"和"农村电话普及率"两个指标实际上测量的是同一问题,因此,应确保名称规范统一。

经过对指标体系的筛选,最终确定指标体系框架如表 4-6所示。

表4-6 数字农业高质量发展评价指标

目标层	准则层	要素层	指标层	指标内涵	指标单位
数字农业高质量发展	数字生产	生产物资装备	农业机械化水平	机械作业面积/耕地总面积	%
			有喷灌等设施的耕地面积比重	有效灌溉面积/耕地总面积	%
			高标准农田建设面积	高标准农田建设面积	平方千米
			生产信息化水平	信息化设施覆盖程度	%
			农业物联网水平	物联网设施覆盖程度	%
		资源减量水平	化肥使用强度	化肥使用量/农作物总播种面积	千克/平方千米
			农药施用强度	农药使用量/农作物总播种面积	千克/平方千米
			农业环境污染物排放强度	排放量/农作物总播种面积	千克/平方千米
			农村人均用电量	总用电量/总人数	千瓦时
			新增耕地面积	新增耕地面积	平方千米
			森林覆盖率	森林覆盖率	%
			水土流失综合治理面积	水土流失综合治理面积	平方千米
			万元农业增加值用水量	万元农业增加值用水量	立方米
			万元农业增加值能源消耗量	农林牧渔业终端能源消耗量/农林牧渔业增加值	吨标准煤
		农产品质量	农产品合格率	合格产品批次数/抽检总批次数	%
			绿色农产品供给比重	绿色农产品交易额/农产品总交易额	%
			农产品质量安全追溯体系建设	实现质量追溯的农产品交易额/农产品交易总额	%
			农产品地理标志认证累计数	农产品地理标志认证累计数	个
			"二品一标"产品总数	绿色食品、有机食品、农产品地理标志	个

续表

目标层	准则层	要素层	指标层	指标内涵	指标单位
	科技创新	科研投入及成果转化	农业企业专业技术人员数量	农业企业专业技术人员数量	人
			科研机构数量	科研机构数量	个
			专利申请量	专利申请量	项
			R&D 经费投入强度	R&D 经费投入/总投入经费	%
			技术市场成交合同金额	技术市场成交合同金额	元
			农业科技人员比例	农业科技人员/农业人员	%
			农业科技进步贡献率	农业科技进步率/农业总产值增长率	%
			农业生产经营人员平均受教育年限	农业生产经营人员平均受教育年限	年
		农业平台建设	数字农业推广应用基地数量	数字农业推广应用基地数量	个
			数字农业示范园数量	数字农业示范园数量	个
			龙头企业信息化水平	信息化设施覆盖程度	%
			数字农业农村创新项目数量	数字农业农村创新项目数量	个
	效益水平	发展成果	农村居民可支配收入	农村居民可支配收入	元
			城乡人均收入比	城镇居民人均可支配收入/农村居民人均可支配收入	%
			农业品牌占比	品牌农产品成交额/农产品交易总额	%
			农业产值比重	农业产值/国民生产总值比重	%
			农产品电子商务交易额	农产品电子商务交易额	元
			农信产业对 GDP 贡献率	农信产业对 GDP 贡献率	%
			淘宝村数量	淘宝村数量	个
		产出效率	耕地产出比	农业生产总值/耕地总面积	元/平方千米
			单位播种面积产量	农作物总量/耕地总面积	千克/平方千米
			农业劳动生产率	年农业总产值/农业劳动者人数	元/人年
			农业产出效益	产业产出/产业投入	%
			农业产值比重	农业生产总值占总生产总值	%
			家庭承包耕地流转比重	家庭承包耕地流转比重	%

续表

目标层	准则层	要素层	指标层	指标内涵	指标单位
产业多元融合		产业延伸水平	农产品加工业产业比值	农产品加工业产值/地区总产值	%
			乡镇农产品加工相关企业占比	乡镇农产品加工相关企业数量/乡镇企业总数	%
			农业从业人数占比	农业从业人数/总人数	%
			国家级农业产业化企业数量	国家级农业产业化企业数量	个
			农业示范区数量	农业示范区数量	个
			涉农企业比重	涉农类企业数量/总企业数量	%
		产业融合水平	乡村非农就业占比	乡村非农就业人数/总人数	%
			农业服务业产值占比	农业服务业产值/总产值	%
			城镇化率	城镇人口占总人口	%
			农业保险深度	保费/第一产业增加值	%
			电商服务站行政村覆盖率	电商服务站行政村覆盖率	%
信息化发展		农业信息化基础设施建设	农村宽带入户率	农村宽带入户数/总户数	%
			人均农村投递线路长度	人均农村投递线路长度	千米
			农村户均联网计算机数量	农村户均联网计算机数量	台
			农业农村信息化财政投入	农业农村信息化财政投入	元
			农业农村信息化社会资本投入	农业农村信息化社会资本投入	元
			电脑普及率	电脑普及率	%
			每百人智能手机拥有率	每百人智能手机拥有率	%
			每百户智能电视拥有率	每百户智能电视拥有率	%
			4G 以上网络覆盖率	4G 以上网络覆盖率	%
		农业服务信息化水平	农村信息服务人员占比	农村信息服务人员/总人数	%
			农业信息数据采集频率	农业信息数据采集频率	次/月
			有农业信息服务机构的村占比	有农业信息服务机构的村/村庄总数	%
			农产品网络销售率	农产品网络零售额/农产品市场规模	%
			信息进村入户村级信息服务站行政村覆盖率	信息进村入户村级信息服务站行政村覆盖率	%
			益农信息社覆盖率	益农信息社覆盖率	%
			农民合作社总数	农民合作社总数	个

三、评价指标权重确定

(一)构建评价指标体系

根据数字农业发展特征,结合前人研究文献,将影响数字农业发展的因素整理分类,形成一个递阶的层次结构,一级指标分为数字生产、科技创新、效益水平、产业多元融合、信息化发展;二级指标分为生产物资装备、资源减量水平、农产品质量、科研投入及成果转化、农业平台建设、发展成果、产出效率、产业延伸水平、产业融合水平、农业信息化基础设施建设、农业服务信息化水平;三级指标分为农业机械化水平、有喷灌等设施的耕地面积比重……农民合作社总数等71个三级指标。

(二)根据层次分析法构建层次模型

模型构建过程如下:

1.一级指标判断矩阵和权重计算

根据专家意见得出判断矩阵,判断矩阵如表4-7所示。

表4-7 一级指标判断矩阵

指标项	A1	A2	A3	A4	A5
A1	1	0.9372	0.3046	0.7427	0.433
A2	5.7844	1	0.5482	3.8011	4.1677
A3	6.4656	3.8011	1	5.0656	5.2656
A4	3.2344	0.7828	0.2883	1	0.8863
A5	3.5344	1.4	0.3372	1.6344	1

(1)求指标权重

①将判断矩阵的每一列向量归一化,见式(4-1)至式(4-2):

$$W_{ij} = a_{ij} / \sum_{i=1}^{n} a_{ij} \tag{4-1}$$

$$\begin{bmatrix} 1 & \cdots & 0.433 \\ \vdots & & \vdots \\ 3.5344 & \cdots & 1 \end{bmatrix} \xrightarrow{\text{列向量归一化}} \begin{bmatrix} 0.049 & \cdots & 0.036 \\ \vdots & & \vdots \\ 0.176 & \cdots & 0.085 \end{bmatrix}$$

$$\tag{4-2}$$

②将归一化的各行相加,见式(4-3)至式(4-4):

$$A^{r}_{w_{ij}} = \sum_{j=1}^{n} w_{ij} \tag{4-3}$$

$$\begin{bmatrix} 0.049 & \cdots & 0.036 \\ \vdots & & \vdots \\ 0.176 & \cdots & 0.085 \end{bmatrix} \xrightarrow{\text{每一行相加}} \begin{bmatrix} 0.3896 \\ \vdots \\ 0.7079 \end{bmatrix} \tag{4-4}$$

③将向量归一化即得到权重,见式(4-5)至式(4-6):

$$\% = (W_1\%, W_2\%, \cdots, W_n\%)^T \tag{4-5}$$

$$\begin{bmatrix} 0.3886 \\ \vdots \\ 0.7079 \end{bmatrix} \xrightarrow{\text{归一化}} \begin{bmatrix} 0.0777 \\ \vdots \\ 0.1416 \end{bmatrix} \tag{4-6}$$

通过分析得到一级指标权重向量为:

$[0.0777, 0.2603, 0.4136, 0.1068, 0.1416]$

(2)计算特征值,见式(4-7):

$$\gamma_{max} = \sum_{i=1}^{n} \frac{(AW)_i}{N W_i} = \frac{1}{5}\left(\frac{0.3886}{0.0777} + \cdots + \frac{0.7079}{0.1415}\right) = 5.0 \tag{4-7}$$

(3)计算一致性指标,式(4-8):

$$CI = \frac{\gamma_{max} - n}{n - 1} = \frac{5 - 5}{5 - 1} = 0.00 \tag{4-8}$$

因为 CI=0,认为一级指标判断矩阵具有完全一致性;

2. 二级指标判断矩阵和权重计算

（1）数字生产指标判断矩阵和权重计算

根据专家意见得出判断矩阵，判断矩阵如表4-8所示。

表4-8 数字生产指标判断矩阵

指标项	B1	B2	B3
B1	1	1.2531	0.1613
B2	1.0133	1	0.1975
B3	6.5531	5.6469	1

①求指标权重

将判断矩阵的每一列向量归一化后各行相加，再将向量归一化，见式(4-9)至式(4-11)：

$$\begin{bmatrix} 1 & \cdots & 0.1613 \\ \vdots & & \vdots \\ 6.5531 & \cdots & 1 \end{bmatrix} \xrightarrow{\text{列向量归一化}} \begin{bmatrix} 0.1167 & \cdots & 0.1187 \\ \vdots & & \vdots \\ 0.7649 & \cdots & 0.7359 \end{bmatrix}$$

$$(4-9)$$

$$\begin{bmatrix} 0.1167 & \cdots & 0.1187 \\ \vdots & & \vdots \\ 0.7649 & \cdots & 0.7359 \end{bmatrix} \xrightarrow{\text{行向量求和}} \begin{bmatrix} 0.3940 \\ \vdots \\ 2.2215 \end{bmatrix} \quad (4-10)$$

$$\begin{bmatrix} 0.3940 \\ \vdots \\ 2.2215 \end{bmatrix} \xrightarrow{\text{归一化}} \begin{bmatrix} 0.1314 \\ \vdots \\ 0.7386 \end{bmatrix} \quad (4-11)$$

通过分析得到数字生产指标权重为：$[0.1314, 0.1301, 0.7386]$

②计算特征值，见式(4-12)：

$$\gamma_{max} = \sum_{i=1}^{n} \frac{(AW)_i}{N W_i} = \frac{1}{3}\left(\frac{0.3940}{0.1314} + \cdots + \frac{2.2215}{0.7386}\right) = 3.1684$$

$$(4-12)$$

③计算一致性指标,见式(4-13):

$$CI = \frac{\gamma_{max} - n}{n - 1} = \frac{3.1684 - 3}{3 - 1} = 0.0842 \qquad (4-13)$$

计算一致性比例 CR,见式(4-14):

因为 n=3,可知 RI=0.58

$$CR = \frac{CI}{RI} = \frac{0.0842}{0.58} = 0.1452 \qquad (4-14)$$

(2)科技创新指标判断矩阵和权重计算

根据专家意见得出判断矩阵,判断矩阵如表4-9所示。

表4-9　科技创新指标判断矩阵

指标项	B4	B5
B4	1	7.6
B5	0.1444	1

①指标权重

将判断矩阵的每一列向量归一化后各行相加,再将向量归一化,通过分析得到科技创新指标权重为:[0.8788,0.1212]

②计算特征值,见式(4-15):

$$\gamma_{max} = \sum_{i=1}^{n} \frac{(AW)_i}{N W_i} = 2.0 \qquad (4-15)$$

③计算一致性指标,见式(4-16):

$$CI = \frac{\gamma_{max} - n}{n - 1} = 0 \qquad (4-16)$$

因为 CI＝0,认为一级指标判断矩阵具有完全一致性。

(3)效益水平指标判断矩阵和权重计算

根据专家意见得出判断矩阵,判断矩阵如表 4-10 所示。

表 4-10　效益水平指标判断矩阵

指标项	B6	B7
B6	1	0.5194
B7	5.7	1

①指标权重

将判断矩阵的每一列向量归一化后各行相加,再将向量归一化,通过分析得到效益水平指标权重为：[0.2455,0.7545]

②计算特征值,见式(4-17)：

$$\gamma_{max} = \sum_{i=1}^{n} \frac{(AW)_i}{NW_i} = 2.0 \qquad (4-17)$$

③计算一致性指标,见式(4-18)：

$$CI = \frac{\gamma_{max} - n}{n-1} = 0 \qquad (4-18)$$

因为 CI＝0,认为一级指标判断矩阵具有完全一致性。

(4)产业多元融合指标判断矩阵和权重计算

根据专家意见得出判断矩阵,判断矩阵如表 4-11 所示。

表 4-11　产业多元融合指标判断矩阵

指标项	B8	B9
B8	1	2.7333
B9	3.0619	1

①指标权重

将判断矩阵的每一列向量归一化后各行相加,再将向量归一化,通过分析得到产业多元融合指标权重为: [0.4892,0.5108]

②计算特征值,见式(4-19):

$$\gamma_{\max} = \sum_{i=1}^{n} \frac{(AW)_i}{NW_i} = 2.0 \tag{4-19}$$

③计算一致性指标,见式(4-20):

$$CI = \frac{\gamma_{\max} - n}{n-1} = 0 \tag{4-20}$$

因为 CI=0,认为一级指标判断矩阵具有完全一致性。

(5)信息化发展指标判断矩阵和权重计算

根据专家意见得出判断矩阵,判断矩阵如表4-12所示。

表4-12　信息化发展指标判断矩阵

指标项	B10	B11
B10	1	5.0333
B11	1.4778	1

①指标权重

将判断矩阵的每一列向量归一化后各行相加,再将向量归一化,通过分析得到信息化发展指标权重为: [0.6189,0.3811]

②计算特征值,见式(4-21):

$$\gamma_{\max} = \sum_{i=1}^{n} \frac{(AW)_i}{NW_i} = 2.0 \tag{4-21}$$

③计算一致性指标,见式(4-22):

$$CI = \frac{\gamma_{\max} - n}{n-1} = 0 \tag{4-22}$$

因为 CI=0，认为一级指标判断矩阵具有完全一致性。

3. 三级指标判断矩阵和权重计算

（1）生产物资装备指标判断矩阵和权重计算

根据专家意见得出判断矩阵，判断矩阵如表4-13所示。

表4-13　生产物资装备指标判断矩阵

指标项	C1	C2	C3	C4	C5
C1	1	2.2426	0.4624	3.1394	4.0749
C2	2.1428	1	0.1952	3.6686	4.2397
C3	3.1756	5.3795	1	5.4949	6.0327
C4	1.5235	1.0302	0.6817	1	2.232
C5	1.1005	0.8396	0.868	1.1268	1

①指标权重

将判断矩阵的每一列向量归一化后各行相加，再将向量归一化，通过分析得到生产物资装备指标权重为：

[0.1838,0.1782,0.3807,0.1355,0.1217]

②计算特征值，见式（4-23）：

$$\gamma_{\max} = \sum_{i=1}^{n} \frac{(AW)_i}{NW_i} = 8.7188 \qquad (4-23)$$

③计算一致性指标，见式（4-24）：

$$CI = \frac{\gamma_{\max} - n}{n-1} = 0.9293 \qquad (4-24)$$

④计算一致性比例 CR，见式（4-25）：

因为 n=5，可知 RI=1.12

$$CR = \frac{CI}{RI} = \frac{0.9297}{1.12} = 0.8301 \qquad (4-25)$$

（2）资源减量水平指标判断矩阵和权重计算

根据专家意见得出判断矩阵,判断矩阵如表4-14所示。

表4-14　资源减量水平指标判断矩阵

指标项	C6	C7	C8	C9	C10	C11	C12	C13	C14
C6	1	3.2	0.9686	2.5	1.5238	1.6869	0.319	0.2119	0.265
C7	0.54	1	0.44	0.7467	1.7079	0.3321	0.2702	0.2752	0.2336
C8	3.0667	3	1	1.8333	1.5638	0.3786	0.198	0.3567	0.3519
C9	2.0733	4.4667	1.7067	1	0.7872	0.2089	0.1908	0.2022	0.1825
C10	5.2286	6.025	4.4286	4.8667	1	1.2758	0.4971	3.065	3.0571
C11	4.4286	5.4	4.2	5.4	5.04	1	2.6	2.0667	2.4667
C12	5.6	4.8	7	6	4.2	0.6	1	2	2.2
C13	6.2	4.4	4.4	5.6	2.7233	1.1333	0.8333	1	1.8667

①指标权重

将判断矩阵的每一列向量归一化后各行相加,再将向量归一化,通过分析得到资源减量水平指标权重为:

$$\begin{bmatrix} 0.0668, 0.0321, 0.0529, 0.0441, 0.1619, \\ 0.1935, 0.1687, 0.1416, 0.1383 \end{bmatrix}$$

②计算特征值,见式(4-26):

$$\gamma_{\max} = \sum_{i=1}^{n} \frac{(AW)_i}{NW_i} = 15.8544 \tag{4-26}$$

③计算一致性指标,见式(4-27):

$$CI = \frac{\gamma_{\max} - n}{n - 1} = 0.8568 \tag{4-27}$$

④计算一致性比例CR,见式(4-28):

因为 n=9,可知 RI=1.45

$$CR = \frac{CI}{RI} = \frac{0.8568}{1.45} = 0.5909 \qquad (4-28)$$

(3)农产品质量指标判断矩阵和权重计算

根据专家意见得出判断矩阵,判断矩阵如表4-15所示。

表4-15 农产品质量指标判断矩阵

指标项	C15	C16	C17	C18	C19
C15	1	3.9	1.04	3.6286	2.4286
C16	0.58	1	0.4286	0.6786	0.7352
C17	1.7	3.6	1	2.05	1.625
C18	1.6	3.1	1.3067	1	0.7667
C19	1.8	3.3	2.24	1.6	1

①指标权重

将判断矩阵的每一列向量归一化后各行相加,再将向量归一化,通过分析得到农产品质量指标权重为:

[0.272,0.0826,0.2278,0.1787,0.2389]

②计算特征值,见式(4-29):

$$\gamma_{max} = \sum_{i=1}^{n} \frac{(AW)_i}{NW_i} = 7.5975 \qquad (4-29)$$

③计算一致性指标,见式(4-30):

$$CI = \frac{\gamma_{max} - n}{n - 1} = 0.6493 \qquad (4-30)$$

④计算一致性比例 CR,见式(4-31):

因为 n=5,可知 RI=1.12

$$CR = \frac{CI}{RI} = \frac{0.6493}{1.12} = 0.5798 \qquad (4-31)$$

(4)科研投入及成果转化指标判断矩阵和权重计算

根据专家意见得出判断矩阵,判断矩阵如表4-16所示。

表4-16 科研投入及成果转化指标判断矩阵

指标项	C20	C21	C22	C23	C24	C25	C26	C27
C20	1	4.0651	3.8286	4.2919	1.5347	1.6667	0.5065	2.7158
C21	2.6928	1	1.65	0.5984	0.5301	1.6286	0.5603	0.6583
C22	1.7222	1.44	1	0.8286	0.5082	0.9193	0.7	0.6536
C23	2.287	2.6148	2.2	1	1.8286	2.6255	1.825	2.2292
C24	3.2482	3.5866	3.8098	2.0333	1	2.5193	1.5	2.463
C25	1.24	2.04	2.3024	1.8735	0.8792	1	0.4153	1.0788
C26	3.8052	3.5924	2.4	2.2333	2.04	3.413	1	1.9617
C27	2.0903	3.4	3.6	1.8999	1.1868	2.4672	1.7043	1

①指标权重

将判断矩阵的每一列向量归一化后各行相加,再将向量归一化,通过分析得到科研投入及成果转化指标权重为:

$$\begin{bmatrix} 0.157, 0.0738, 0.064, 0.1464, \\ 0.1627, 0.0862, 0.1678, 0.1421 \end{bmatrix}$$

②计算特征值,见式(4-32):

$$\gamma_{max} = \sum_{i=1}^{n} \frac{(AW)_i}{NW_i} = 12.9803 \qquad (4-32)$$

③计算一致性指标,见式(4-33):

$$CI = \frac{\gamma_{max} - n}{n - 1} = 0.7114 \qquad (4-33)$$

④计算一致性比例 CR,见式(4-34):

因为 n=8,可知 RI=1.14

$$CR = \frac{CI}{RI} = \frac{0.7114}{1.14} = 0.6241 \qquad (4-34)$$

(5)农业平台建设指标判断矩阵和权重计算

根据专家意见得出判断矩阵,判断矩阵如表 4-17 所示。

表 4-17　农业平台建设指标判断矩阵

指标项	C28	C29	C30	C31
C28	1	2.6	3.4	3.2
C29	0.5733	1	2.6	2.2
C30	0.5352	0.68	1	1.2667
C31	0.54	0.7067	1.2667	1

①指标权重

将判断矩阵的每一列向量归一化后各行相加,再将向量归一化,通过分析得到农业平台建设指标权重为:

[0.4319,0.2546,0.1562,0.1573]

②计算特征值,见式(4-35):

$$\gamma_{max} = \sum_{i=1}^{n} \frac{(AW)_i}{NW_i} = 4.9107 \qquad (4-35)$$

③计算一致性指标,见式(4-36):

$$CI = \frac{\gamma_{max} - n}{n - 1} = 0.3035 \qquad (4-36)$$

④计算一致性比例 CR,见式(4-37):

因为 n=4,可知 RI=0.90

$$CR = \frac{CI}{RI} = \frac{0.3035}{0.91} = 0.3373 \qquad (4-37)$$

（6）发展成果指标判断矩阵和权重计算

根据专家意见得出判断矩阵，判断矩阵如表4-18所示。

表4-18　发展成果指标判断矩阵

指标项	C32	C33	C34	C35	C36	C37	C38
C32	1	4.2964	6.6641	5.6917	6.4911	6.8936	6.6977
C33	0.3247	1	5.541	3.2383	4.1791	3.679	3.3799
C34	0.2036	0.7177	1	0.8876	0.9152	1.0696	1.508
C35	0.2334	0.9341	3.4065	1	2.7866	2.7392	4.1124
C36	0.2071	0.4958	2.9762	0.6641	1	1.2667	1.85
C37	0.1995	0.7125	2.4696	1.3585	1.2667	1	1.2667
C38	0.2083	0.5625	1.9363	1.5939	1.34	1.2	1

①指标权重

将判断矩阵的每一列向量归一化后各行相加，再将向量归一化，通过分析得到发展成果指标权重为：

[0.3816,0.188,0.0654,0.1332,0.0763,0.079,0.0765]

②计算特征值，见式（4-38）：

$$\gamma_{max} = \sum_{i=1}^{n} \frac{(AW)_i}{NW_i} = 10.2226 \tag{4-38}$$

③计算一致性指标，见式（4-39）：

$$CI = \frac{\gamma_{max} - n}{n-1} = 0.5371 \tag{4-39}$$

④计算一致性比例CR，见式（4-40）：

因为 n=7，可知 RI=1.32

$$CR = \frac{CI}{RI} = \frac{0.5371}{1.32} = 0.40 \tag{4-40}$$

（7）产出效率指标判断矩阵和权重计算

根据专家意见得出判断矩阵，判断矩阵如表4-19所示。

表4-19　产出效率指标判断矩阵

指标项	C39	C40	C41	C42	C43	C44
C39	1	1.6667	1.2286	1.2286	1.4952	4
C40	1.1333	1	1.8952	1.0952	0.9833	2.6667
C41	2.0667	2.3067	1	0.9622	1.5286	2.8
C42	2.0667	2.4667	3.4667	1	2.5	4.8
C43	2.44	2.2667	2.24	0.925	1	2.55
C44	0.3317	0.9833	0.6786	0.3869	1.4733	1

①指标权重

将判断矩阵的每一列向量归一化后各行相加，再将向量归一化，通过分析得到产业效率指标权重为：

[0.1657,0.1424,0.1731,0.2526,0.1858,0.0804]

②计算特征值，见式（4-41）：

$$\gamma_{\max} = \sum_{i=1}^{n} \frac{(AW)_i}{NW_i} = 8.6157 \tag{4-41}$$

③计算一致性指标，式（4-42）：

$$CI = \frac{\gamma_{\max} - n}{n-1} = 0.5231 \tag{4-42}$$

④计算一致性比例CR，见式（4-43）：

因为n=6，可知RI=1.24

$$CR = \frac{CI}{RI} = \frac{0.6605}{1.24} = 0.5327 \tag{4-43}$$

（8）产业延伸水平指标判断矩阵和权重计算

根据专家意见得出判断矩阵，判断矩阵如表4-20所示。

表4-20　产业延伸水平指标判断矩阵

指标项	C45	C46	C47	C48	C49	C50
C45	1	3.0333	3.8667	1.6786	3.625	2.5286
C46	1.45	1	3.2	0.8619	1.44	0.8286
C47	0.78	0.45	1	0.5186	1.0667	0.5133
C48	2.5167	3.1	3.6	1	2.2	2.4
C49	1.8133	1.5667	2.8667	0.7333	1	1.24
C50	2.0733	2.5	3.6	0.7	1.6667	1

①指标权重

将判断矩阵的每一列向量归一化后各行相加，再将向量归一化，通过分析得到产业延伸水平指标权重为：

[0.2516,0.1330,0.0711,0.2317,0.1418,0.1708]

②计算特征值，见式（4-44）：

$$\gamma_{max} = \sum_{i=1}^{n} \frac{(AW)_i}{NW_i} = 9.5414 \tag{4-44}$$

③计算一致性指标，见式（4-45）：

$$CI = \frac{\gamma_{max} - n}{n - 1} = 0.7082 \tag{4-45}$$

④计算一致性比例CR，见式（4-46）：

因为n=6，可知RI=1.24

$$CR = \frac{CI}{RI} = \frac{0.7082}{1.24} = 0.5712 \tag{4-46}$$

(9)产业融合水平指标判断矩阵和权重计算

根据专家意见得出判断矩阵,判断矩阵如表4-21所示。

表4-21 产业融合水平指标判断矩阵

指标项	C51	C52	C53	C54	C55
C51	1	0.6619	0.5952	0.7702	0.8286
C52	3.2	1	1.4667	2.45	2.2
C53	2.8	1.25	1	1.6	2.8
C54	4.4667	1.2952	0.7667	1	2.4667
C55	2.2	0.8286	0.6733	1.08	1

①指标权重

将判断矩阵的每一列向量归一化后各行相加,再将向量归一化,通过分析得到产业融合水平指标权重为:

[0.1075, 0.2701, 0.2417, 0.2329, 0.1478]

②计算特征值,见式(4-47):

$$\gamma_{max} = \sum_{i=1}^{n} \frac{(AW)_i}{NW_i} = 6.8901 \tag{4-47}$$

③计算一致性指标,见式(4-48):

$$CI = \frac{\gamma_{max} - n}{n - 1} = 0.4725 \tag{4-48}$$

④计算一致性比例CR,见式(4-49):

因为n=5,可知RI=1.12

$$CR = \frac{CI}{RI} = \frac{0.4725}{1.12} = 0.4219 \tag{4-49}$$

(10)农业信息化基础设施建设指标判断矩阵和权重计算

根据专家意见得出判断矩阵,判断矩阵如表4-22所示。

表4-22　农业信息化基础设施建设指标判断矩阵

指标项	C56	C57	C58	C59	C60	C61	C62	C63	C64
C56	1	2.3321	2.8	2.0052	1.7969	2.8686	2.9	3	2.1
C57	1.5066	1	1.465	0.9184	0.9616	1.825	1.665	1.825	1.911
C58	0.5952	3.04	1	1.5906	1.5897	0.7333	1.7667	2.551	1.6952
C59	2.239	3.4678	3.6196	1	1.6286	3.2294	3.2204	3.2378	3.0287
C60	2.6139	2.8702	3.6336	2.04	1	3.2449	2.8161	2.8407	2.7343
C61	1.0521	2.14	2.2	1.4302	1.4293	1	1.9	2.1	1.9333
C62	0.8686	2.94	1.4333	1.4308	1.7481	1.0333	1	1.4286	0.5019
C63	0.6686	2.14	1.2796	1.6294	1.7453	1.0286	2.05	1	0.5019
C64	1.0286	2.2176	2.4333	1.73	1.946	2.0286	4	4	1

①指标权重

将判断矩阵的每一列向量归一化后各行相加,再将向量归一化,通过分析得到农业信息化基础设施建设指标权重为:

$$[0.1317, 0.0864, 0.0913, 0.1564, 0.1543,$$
$$0.0971, 0.0795, 0.0775, 0.1257]$$

②计算特征值,见式(4-50):

$$\gamma_{max} = \sum_{i=1}^{n} \frac{(AW)_i}{NW_i} = 16.5356 \qquad (4-50)$$

③计算一致性指标,见式(4-51):

$$CI = \frac{\gamma_{max} - n}{n - 1} = 0.9420 \qquad (4-51)$$

④计算一致性比例 CR,见式(4-52):

因为 n=9,可知 RI=1.45

$$CR = \frac{CI}{RI} = \frac{0.9420}{1.45} = 0.6497 \qquad (4-52)$$

（11）农业服务信息化水平指标判断矩阵和权重计算

根据专家意见得出判断矩阵，判断矩阵如表4-23所示。

表4-23　农业服务信息化水平指标判断矩阵

指标项	C65	C66	C67	C68	C69	C70	C71
C65	1	3.4	1.1286	0.98	0.54	1.84	1.9
C66	0.5333	1	0.5733	0.5686	0.6833	0.6619	0.5686
C67	2.2667	3	1	2.1333	2.64	1.6733	2.3333
C68	2.6667	3.2	1.9	1	3.24	3.04	3.4
C69	3.2	2.6	1.4733	1.3619	1	1.5667	2.4
C70	1.54	3.2	2.6333	1.3686	1.44	1	3.4
C71	1.0333	3.2	1.4833	0.6571	0.69	0.5352	1

①指标权重

将判断矩阵的每一列向量归一化后各行相加，再将向量归一化，通过分析得到农业服务信息化水平指标权重为：

[0.1207, 0.0557, 0.1823, 0.2185, 0.1596, 0.1688, 0.0944]

②计算特征值，见式（4-53）：

$$\gamma_{max} = \sum_{i=1}^{n} \frac{(AW)_i}{NW_i} = 10.8570 \tag{4-53}$$

③计算一致性指标，见式（4-54）：

$$CI = \frac{\gamma_{max} - n}{n - 1} = 0.6428 \tag{4-54}$$

④计算一致性比例CR，见式（4-55）：

因为n=7，可知RI=1.32

$$CR = \frac{CI}{RI} = \frac{0.6428}{1.32} = 0.4870 \tag{4-55}$$

四、数字农业高质量发展评价指标体系构建结果

经过前文相关判断矩阵的特征向量和特征值进行计算,并进行一致性检验,得出每个指标的权重,即为判断矩阵中该指标对应特征值所对应的特征向量归一化后的数值,整理出数字农业高质量发展评价指标体系的各指标权重,如表4-24 所示。

表4-24　数字农业高质量发展评价指标体系的各指标权重

一级指标	二级指标	三级指标		权重
A1 数字生产 0.0777	B1 生产物资装备 0.0102	C1	农业机械化水平	0.0019
		C2	有喷灌等设施的耕地面积比重	0.0018
		C3	高标准农田建设面积	0.0039
		C4	生产信息化水平	0.0014
		C5	农业物联网水平	0.0012
	B2 资源减量水平 0.0101	C6	化肥使用强度	0.0007
		C7	农药施用强度	0.0003
		C8	农业环境污染物排放强度	0.0005
		C9	农村人均用电量	0.0004
		C10	新增耕地面积	0.0016
		C11	森林覆盖率	0.002
		C12	水土流失综合治理面积	0.0017
		C13	万元农业增加值用水量	0.0014
		C14	万元农业增加值能源消耗量	0.0014
	B3 农产品质量 0.0574	C15	农产品合格率	0.0156
		C16	绿色农产品供给比重	0.0047
		C17	农产品质量安全追溯体系建设	0.0131
		C18	农产品地理标志认证累计数	0.0103
		C19	"二品一标"产品总数	0.0137
A2 科技创新 0.2603	B4 科研投入及 成果转化 0.2287	C20	农业企业专业技术人员数量	0.0359
		C21	科研机构数量	0.0169
		C22	专利申请量	0.0146
		C23	R&D 经费投入强度	0.0335
		C24	技术市场成交合同金额	0.0372

一级指标	二级指标	三级指标		权重
A2 科技创新 0.2603	B4 科研投入及 成果转化 0.2287	C25	农业科技人员比例	0.0197
		C26	农业科技进步贡献率	0.0384
		C27	农业生产经营人员平均受教育年限	0.0325
	B5 农业平台建设 0.0316	C28	数字农业推广应用基地数量	0.0136
		C29	数字农业示范园数量	0.0080
		C30	龙头企业信息化水平	0.0049
		C31	数字农业农村建设项目数量	0.0050
A3 效益水平 0.4136	B6 发展成果 0.1016	C32	农村居民可支配收入	0.0388
		C33	城乡人均收入比	0.0191
		C34	农业品牌占比	0.0066
		C35	农业产值比重	0.0580
		C36	农产品电子商务交易额	0.0077
		C37	农信产业对 GDP 贡献率	0.0080
		C38	淘宝村数量	0.0078
	B7 产出效率 0.3121	C39	耕地产出比	0.0517
		C40	单位播种面积产量	0.0444
		C41	农业劳动生产率	0.0540
		C42	农业产出效益	0.0788
		C43	农业产值比重	0.0580
		C44	家庭承包耕地流转比重	0.0251
A4 产业多元 融合 0.1068	B8 产业延伸水平 0.0522	C45	农产品加工业产业比值	0.0131
		C46	乡镇农产品加工相关企业占比	0.0069
		C47	农业从业人数占比	0.0037
		C48	国家级农业产业化企业数量	0.0121
		C49	农业示范区数量	0.0074
		C50	涉农企业比重	0.0089
	B9 产业融合水平 0.0545	C51	乡村非农就业占比	0.0059
		C52	农业服务业产值占比	0.0147
		C53	城镇化率	0.0132
		C54	农业保险深度	0.0127
		C55	电商服务站行政村覆盖率	0.0081

续表

一级指标	二级指标	三级指标		权重
A5 信息化发展 0.1416	B10 农业信息化 基础设施建设 0.0876	C56	农村宽带入户率	0.0115
		C57	人均农村投递线路长度	0.0076
		C58	农村户均联网计算机数量	0.0080
		C59	农业农村信息化财政投入	0.0137
		C60	农业农村信息化社会资本投入	0.0135
		C61	电脑普及率	0.0085
		C62	每百人智能手机拥有率	0.0070
		C63	每百户智能电视拥有率	0.0068
		C64	4G 以上网络覆盖率	0.0110
	B11 农业服务 信息化水平 0.054	C65	农村信息服务人员占比	0.0065
		C66	农业信息数据采集频率	0.0030
		C67	有农业信息服务机构的村占比	0.0098
		C68	农产品网络销售率	0.0098
		C69	信息进村入户村级信息服务站行政村覆盖率	0.0086
		C70	益农信息社覆盖率	0.0091
		C71	农民合作社总数	0.0051

第五节　J 省数字农业高质量发展实证分析

J 省作为农业大省,是我国重要的商品粮食基地,农业发展基础好,增产潜力大。数字农业的发展对农业增产、农民增收具有巨大的促进作用。J 省把农业农村信息化作为现代农业发展的核心要素,将"互联网+农业农村"现代信息技术融入农业生产、经营、管理和服务的全过程,与农村经济社会各领域深度融合,对传统农业模式进行改造和提升。

一、J省数字农业高质量发展三级指标评估

根据已构建的数字农业高质量发展评价指标体系,采用专家打分法对J省数字农业发展的各指标进行打分。将三级指标赋予分值[1,9],邀请J省农业研究专家对J省数字农业发展现状进行打分,打分结果见表4-25。

表4-25 数字农业高质量发展三级指标专家打分结果

三级指标	权重	得分
C1 农业机械化水平	0.0019	8.0
C2 有喷灌等设施的耕地面积比重	0.0018	6.5
C3 高标准农田建设面积	0.0039	6.0
C4 生产信息化水平	0.0014	7.0
C5 农业物联网水平	0.0012	8.0
C6 化肥使用强度	0.0007	5.0
C7 农药施用强度	0.0003	6.0
C8 农业环境污染物排放强度	0.0005	7.5
C9 农村人均用电量	0.0004	8.0
C10 新增耕地面积	0.0016	6.5
C11 森林覆盖率	0.002	8.0
C12 水土流失综合治理面积	0.0017	8.0
C13 万元农业增加值用水量	0.0014	8.0
C14 万元农业增加值能源消耗量	0.0014	6.0
C15 农产品合格率	0.0156	8.0
C16 绿色农产品供给比重	0.0047	8.0
C17 农产品质量安全追溯体系建设	0.0131	8.0
C18 农产品地理标志认证累计数	0.0103	6.0
C19 "二品一标"产品总数	0.0137	7.0
C20 农业企业专业技术人员数量	0.0359	8.0
C21 科研机构数量	0.0169	8.5
C22 专利申请量	0.0146	8.0
C23 R&D经费投入强度	0.0335	7.5

续表

三级指标	权重	得分
C24 技术市场成交合同金额	0.0372	6.5
C25 农业科技人员比例	0.0197	7.5
C26 农业科技进步贡献率	0.0384	7.0
C27 农业生产经营人员平均受教育年限	0.0325	5.5
C28 数字农业推广应用基地数量	0.0136	7.5
C29 数字农业示范园数量	0.008	7.5
C30 龙头企业信息化水平	0.0049	8.0
C31 数字农业农村建设项目数量	0.005	6.5
C32 农村居民可支配收入	0.0388	7.0
C33 城乡人均收入比	0.0191	8.0
C34 农业品牌占比	0.0066	8.5
C35 农业产值比重	0.058	7.5
C36 农产品电子商务交易额	0.0077	7.5
C37 农信产业对 GDP 贡献率	0.008	7.5
C38 淘宝村数量	0.0078	8.0
C39 耕地产出比	0.0517	8.0
C40 单位播种面积产量	0.0444	8.5
C41 农业劳动生产率	0.054	7.5
C42 农业产出效益	0.0788	7.5
C43 农业产值比重	0.058	7.5
C44 家庭承包耕地流转比重	0.0251	8.0
C45 农产品加工业产业比值	0.0131	7.0
C46 乡镇农产品加工相关企业占比	0.0069	6.0
C47 农业从业人数占比	0.0037	7.0
C48 国家级农业产业化企业数量	0.0121	7.0
C49 农业示范区数量	0.0074	7.5
C50 涉农企业比重	0.0089	8.0
C51 乡村非农就业占比	0.0059	8.0
C52 农业服务业产值占比	0.0147	6.5
C53 城镇化率	0.0132	6.0
C54 农业保险深度	0.0127	6.0

续表

三级指标		权重	得分
C55	电商服务站行政村覆盖率	0.0081	6.5
C56	农村宽带入户率	0.0115	7.0
C57	人均农村投递线路长度	0.0076	8.0
C58	农村户均联网计算机数量	0.008	7.5
C59	农业农村信息化财政投入	0.0137	8.0
C60	农业农村信息化社会资本投入	0.0135	8.5
C61	电脑普及率	0.0085	7.5
C62	每百人智能手机拥有率	0.007	7.5
C63	每百户智能电视拥有率	0.0068	7.0
C64	4G以上网络覆盖率	0.011	7.5
C65	农村信息服务人员占比	0.0065	7.5
C66	农业信息数据采集频率	0.003	8.0
C67	有农业信息服务机构的村占比	0.0098	7.5
C68	农产品网络销售率	0.0098	7.0
C69	信息进村入户村级信息服务站行政村覆盖率	0.0086	7.5
C70	益农信息社覆盖率	0.0091	8.0
C71	农民合作社总数	0.0051	6.5

根据打分结果整理出数字农业高质量发展三级指标权重、得分分布,如图4-3所示。

从图4-3中可以看出农业品牌占比、农业产值比重、单位播种面积产量、农业劳动生产率、农业产出效益、农业产值比重等三级指标占较高比例,对数字农业高质量发展的影响较大。

根据专家对J省数字农业高质量发展三级指标打分结果,绘制J省数字农业高质量发展三级指标得分情况图,见图4-4。

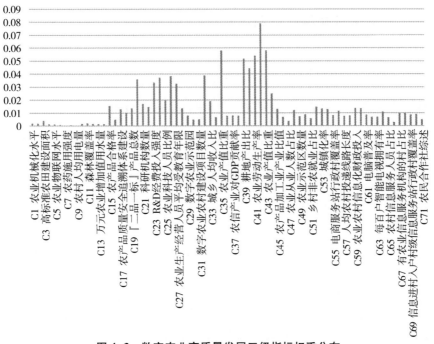

图 4-3　数字农业高质量发展三级指标权重分布

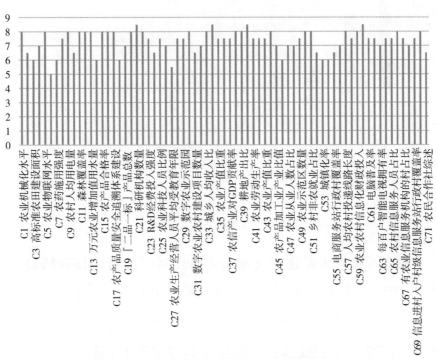

图 4-4　J 省数字农业高质量发展三级指标得分情况

二、J省数字农业高质量发展二级指标评估

根据已构建的数字农业高质量发展评价指标体系和专家对 J 省数字农业三级指标的打分法情况计算 J 省数字农业二级指标得分情况,数字农业高质量发展二级指标权重分布如图 4-5 所示。二级指标得分 F_2 可以由三级指标得分 F_{3i} 乘以指标相对权重 $\dfrac{w_{3i}}{\sum\limits_{i=1}^{n} w_{3i}}$,最后相加得出,见式(4-56):

$$F_2 = \sum_{i=1}^{n} \frac{w_{3i}}{\sum\limits_{i=1}^{n} w_{3i}} \times F_{3i} \qquad (4\text{-}56)$$

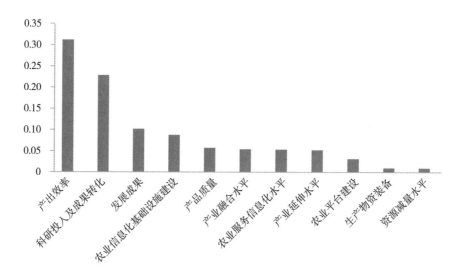

图 4-5　数字农业高质量发展二级指标权重分布

综合专家打分结果,J 省数字农业二级指标生产物资装备权重 0.0102,得分 6.8333;资源减量水平权重 0.0101,得分 7.1850;农产品质量权重 0.0574,得分 7.4020;科研投入及成果转化权重 0.2287,得分 7.1534;农业平台建设权重 0.0316,得分 7.4190;发

展成果权重 0.1016,得分 7.5044;产出效率权重 0.3121,得分 7.7653;产业延伸水平权重 0.0522,得分 7.1094;产业融合水平权重 0.0545,得分 6.4249;农业信息化基础设施建设权重 0.0876,得分 7.6712;农业服务信息化水平权重 0.0540,得分 7.4238。

三、J 省数字农业高质量发展一级指标评估

(一)数字生产

数字生产是数字农业高质量发展的基础,是衡量农业生产力水平、可持续发展能力、农产品质量的基本指标。在数字生产方面,J 省自 2017 年起开始利用卫星遥感监测对粮食作物监控和预测,有效提高了农业生产过程的信息化和精细化水平。综合专家打分结果,J 省数字农业一级指标数字生产权重为 0.0777,最终得分为 7.2994。

(二)科技创新

科技创新是数字农业高质量发展的动力源泉,在科技创新方面,J 省通过发展农业物联网试点示范建设,取得了显著成效。综合专家打分结果,J 省数字农业一级指标科技创新权重为 0.2603,最终得分为 7.1535。

(三)效益水平

提高效益水平是数字农业高质量发展的关键,实现乡村振兴的重要基础和关键支撑,在效益水平方面,J 省建设了农业卫星数据云平台,在开展土地、作物管理平台化系统化试点。综合专家打分结果,

J省数字农业一级指标效益水平权重为0.4136,最终得分为7.7013。

(四)产业多元融合

农业农村产业多元融合对于测度数字农业发展质量具有重要意义。J省大力促进农村电商发展,推动农村一二三产业融合,促进大学生返乡创业及农民创新创业,推动农业农村产业多元融合。综合专家打分结果,J省数字农业一级指标产业多元融合权重为0.1068,最终得分为6.7597。

(五)信息化发展

农业信息化对数字农业高质量发展具有重要战略意义,能够带动农业现代化,有效促进农业和农村经济发展。J省建立了包含企业、监管、公众等多方面应用系统的农产品质量监测信息平台,以监控J省农业企业生产经营全过程。

J省数字农业高质量发展一级指标得分 F_1 可以由二级指标得分 F_{2i} 乘以指标相对权重 $\dfrac{w_{2i}}{\sum\limits_{i=1}^{n} w_{2i}}$,最后相加得出,见式(4-57):

$$F_1 = \sum_{i=1}^{n} \frac{w_{2i}}{\sum\limits_{i=1}^{n} w_{2i}} \times F_{2i} \qquad (4-57)$$

综合专家打分结果,其中,J省数字农业一级指标的信息化发展权重为0.1416,最终得分为7.5769。

四、J省数字农业高质量发展整体评估

结合J省数字农业一级指标、二级指标、三级指标的评估分析

情况,计算 J 省数字农业发展情况的整体评估情况,J 省数字农业整体发展状况评估情况 R 可由专家对各指标得分加权平均后 F_{3i} 乘以各指标的相对权重 W_{3i} 得出,见式(4-58):

$$R = \sum_{i=1}^{n} W_{3i} \times F_{3i} = 7.7331 \qquad (4\text{-}58)$$

根据专家打分结果的相关计算,得出 J 省数字农业发展状况总得分为 7.7331,处于中上等发展水平。

其中,J 省科研机构数量、农业品牌占比、单位播种面积产量、农业农村信息化社会资本投入等指标得分较高,获得 8.5 分水平;农业机械化水平、农业物联网水平、农村人均用电量、森林覆盖率、水土流失综合治理面积、万元农业增加值用水量、农产品合格率、绿色农产品供给比重、农产品质量安全追溯体系建设、农业企业专业技术人员数量、专利申请量、龙头企业信息化水平、城乡人均收入比、淘宝村数量、耕地产出比、家庭承包耕地流转比重、涉农企业比重、乡村非农就业占比、人均农村投递线路长度、农业农村信息化财政投入、农业信息数据采集频率、益农信息社覆盖率等指标相对较高,获得 8 分水平;而高标准农田建设面积、农药施用强度、万元农业增加值能源消耗量、农产品地理标志认证累计数、乡镇农产品加工相关企业占比、城镇化率、农业保险深度、农业生产经营人员平均受教育年限、化肥使用强度等指标得分较低,其中农业生产经营人员平均受教育年限、化肥使用强度低于 6 分水平。

第五章　数字农业高质量发展路径

数字农业作为一个全新的发展形态,从实践到理论凝练需要时间和实践的积累。通过对数字农业高质量发展现状、问题的剖析,对比已有的成功实践,结合农业的空间异质性特征,构建了数字农业高质量发展评价指标体系,并对 J 省的发展实践进行了实证分析,最终提出以下数字农业高质量发展路径。

第一节　构建数字农业标准体系,连出高质量

农业标准化水平是数字农业发展水平的重要标志之一,是数字农业发展的前提条件之一。经过多年的努力,中国农业标准化工作已经取得了一定的成绩,形成了以国家标准、行业标准、企业标准和地方标准为基础的多维度农业标准体系框架,建成了以质检、管理、生产、经营、科研、推广为主体,涵盖种植、养殖、饲料、农机等多领域的农业标准体系,但是,这些农业标准体系无法适应数字化转型升级的需要。随着农业向高质量发展方向转型,"质量

兴农"成为落实国家乡村振兴战略和促进农业现代化的重要抓手,数字农业是重要突破口。为此,构建数字农业标准体系,实现农业信息共享,以信息技术为依托,连出数字农业高质量,成为重中之重。

一、数字农业标准体系的构建思路

构建数字农业标准体系,是农业信息互联互通的基础,它可以加快推进数字化与农业农村深度融合,促进数字农业建设。通过农业农村大数据的普及应用,提升数据挖掘、分析、预测能力,为科学决策提供精准数据支撑,也是数字农业高质量发展的重要基础。但是,农业的空间异质性特征使农业标准体系建设变得尤为复杂,涉及的信息资源数量庞大、内容杂乱,是一项极为庞杂的系统性工作,也是目前数字农业推进过程中一个尚未解决的"瓶颈"问题。在构建数字农业标准体系过程中,既要符合国家关于数字农业标准化建设的相关政策,又要适应不同区域间的农业实际情况,需要协调解决,因此,在构建数字农业标准体系时应首先明确构建思路。

构建数字农业标准体系应结合已有的农业标准,在此基础上,融合数字农业的相关功能,按照不同农业领域、不同标准应用维度,结合数字农业的功能维度,构建数字农业的标准体系,具体思路如图5-1所示。

图5-1从基本层次维度、基本功能维度和基本专业维度,构建了多维度的数字农业标准体系,具体各个维度的内容如下:

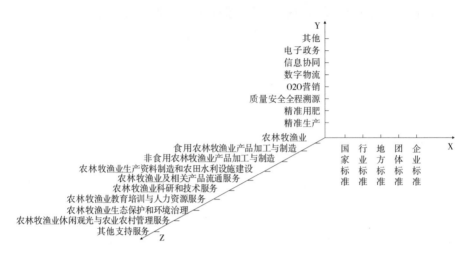

图5-1   数字农业标准体系构建思路

（一）基本层次维度（X轴）

根据《中华人民共和国标准化法》的相关规定,标准包括国家标准、行业标准、地方标准和团体标准、企业标准。国家鼓励企业、社会团体和教育、科研机构等开展或者参与标准化工作。按照该法律规定,国家标准分为强制性标准和推荐性标准,强制性标准必须执行。同时,国家鼓励采用推荐性标准,且推荐性国家标准、行业标准、地方标准、团体标准、企业标准的技术要求不得低于强制性国家标准的相关技术要求。

依据国家法律的相关规定,在构建数字农业标准体系时,按照包含关系,从国家标准、行业标准、地方标准、团体标准、企业标准等维度进行分析,国家标准体现了相关领域标准的基本水平,行业标准反映了同一行业内的基本水平,地方标准凸显了农业空间异质性的发展水平,团体标准和企业标准代表了某一品类或产品的先进水平。

同时,基于农业的空间异质性特征而带来的数字农业体系的复杂性,为便于研讨,本书将以地方标准为基础构建数字农业的标准体系,而其他层面标准将以此为基础进行延展。

(二)基本功能维度(Y轴)

数字农业标准体系是一项系统的农业工程项目,涉及农业生产方式、农业经营方式、农业物流及仓储方式、资源利用方式和数字管理方式等内容,涵盖整个数字农业的全产业链过程。制定相关标准体系后,通过具体标准的精准定位,可以实现对农产品的生产、加工等环节的全流程的质量监管,是数字农业标准体系的核心,因此,将基本功能维度设定为 Y 轴,作为三维构建思路的重点。

随着数字农业产业链条的不断延伸,相关功能会有相应调整和增加,根据目前数字农业发展现状,基本功能维度主要包括:精准生产、精准用肥、质量安全全程溯源、O2O营销、数字物流、信息协同、电子政务和其他功能等。在制定、实施数字农业标准过程中,应围绕基本功能维度,配合基本专业维度和基本层次维度进行分析处理。

(三)基本专业维度(Z轴)

为顺应农业经济活动领域范围不断扩展的趋势,国家统计局与农业农村部依据《国民经济行业分类》(GB/T 4754—2017)中农林牧渔业的分类内容,颁布了《农业及相关产业统计分类(2020)》的分类标准,对农业的统计范围和统计对象进行明确规定。该分类标准,将农业及相关产业划分为农林牧渔业、食用农林牧渔业产品加工与制造、非食用农林牧渔业产品加工与制造、农林牧渔业生产资料制造和农田水利设施建设、农林牧渔业及相关产品流通服务、农林牧渔业科研和技术服务、农林牧渔业教育培训与人力资源服务、农林牧渔业生态保护和环境治理、农林牧渔业休闲观光与农业农村管理服务、其他支持服务 10 个大类、61 个中类、215 个小类。基本涵盖了农林牧渔业生产、加工、物流、营销、服务各环节经济活动,因此,将其定为基本专业维度。

这一维度的相关标准需要紧密结合实践应用情况进行不断调整和完善,体现在层次维度上,是一个反复循环的过程,企业必须根据相关的国家标准或行业标准组织生产销售,同时,企业通过研发创新可以提升自身的生产和销售标准,在充分发挥知识外溢性的情况下,推动团体标准、地方标准的提升,进而提升行业标准和国家标准,成功实现与国际市场的对接,甚至引领相关标准的制定。

二、数字农业标准体系的构建框架

数字农业是一个非常庞杂的超大型系统,涉及众多个性化农产品的生产、流通、交换等环节,为便于系统化的数字管理,需要制定与之相匹配的标准体系。

(一)数字农业标准体系的构成

目前,中国数字农业的标准体系构建正处在起步阶段,在构建数字农业标准体系的基本框架过程中,在综合相关专家学者研究成果基础上,本书认为构建数字农业标准体系应适应先进技术催生的数字农业发展需求,强化标准体系与市场的关联度,为三产融合可能增加的新型产业和新型业态提供发展空间。故而,在前文所述的三维构建思路下,鉴于农业的空间异质性特征,结合前文的评价指标体系,以地方标准为基础,将数字农业标准体系划分为基础标准、平台标准、数据标准、管理标准、技术标准、应用标准和安全标准等子体系的基本框架,而相应的国家标准、行业标准、团体标准和企业标准则以此为基础进行适应性调整,具体的数字农业标准体系框架如图5-2所示。

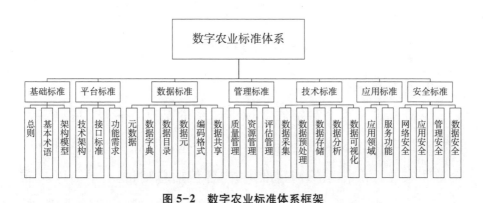

图5-2 数字农业标准体系框架

(二)数字农业标准体系中各子体系之间的关系

在数字农业标准体系中,基础标准是基准性标准,也是其他标准的形成基础,为其他标准提供基础、可靠的数据标准支撑。而平台标准是数字农业标准体系的核心,在基础标准明确的前提下,为数字农业信息平台提供基本的各类规范性标准,这些规范性标准包括数据标准、技术标准、管理标准。而安全标准作为农产品基本标准始终贯穿整个数字农业标准体系,同时,为适应数字农业的发展变化,应用标准也将自始至终贯穿数字农业的标准体系,不断进行适应性调整。因此,数字农业标准体系框架中各子体系的关系如图 5-3 所示。

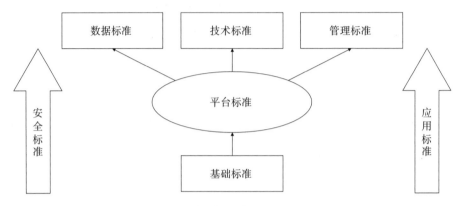

图 5-3　数字农业标准体系各子体系的关系

1.基础标准

基础标准是整个数字农业标准体系的基准性标准,是数字农业标准体系构建的基础性标准要求。在基础标准维度,要明确整个数字农业标准体系的构建准则,内容包括总则、基本术语以及框架模型。其中,总则包括数字农业标准体系的构建及实施原则、要求规范、使用方法等;基本术语包括数字农业涉及各类术语、相关专业词汇及定义等;框架模型包括框架体系、技术指标、适用范围及相关模型等。

2.平台标准

平台标准是整个数字农业标准体系的核心标准,是实现信息共享的核心基础。建立了统一的基础标准之后,要逐步完善涉农部门的相关信息共享机制,而为实现信息共享,要统一各类涉农信息的数据标准、技术标准和管理标准,按照平台标准整合现有的农业信息系统、网站,实现涉农信息的共享与兼容,为下一步构建数字农业信息平台夯实基础。为此,平台标准的基本构成要有接口标准、技术架构和功能需求等。其中,接口标准要能够协调各类信息,便于汇总分析,主要包括参数定义、代码设计、安全性、可读性、共享性等;技术架构要能够整合并规范各类信息,便于信息收集整理,主要包括业务领域分类、数据录入与维护、信息应用管理等框架搭建;功能需求要能够满足各类信息提供主体和需求主体的相关需求,便于信息共享,主要包括平台提供各类服务的范围、相关的技术指标以及标准要求等。

3. 数据标准

数据标准是数字农业标准体系的重要构成,是数字农业高质量发展的重要基础。数字农业的优势就是将分散复杂的农业基础数据通过信息技术的快速处理能力,提高传统农业的管理效率。而信息技术应用的前提是将这些基础农业数据进行标准化处理。为此,数据标准中主要包括元数据、数据字典、数据目录、数据元、编码格式、数据共享等。其中,元数据主要是规范数字农业所涉及各类基础信息的内容、表达形式、特征、数据要求、相关说明等基本信息;数据字典主要是规范数字农业所涉及的数据单元、数据结构、处理流程及逻辑等基础信息查询和信息流动等相关信息;数据目录主要是规范并便于数字农业信息管理、数据检索、数据分类、数据查询和数据更新维护等信息;数据元主要是对数字农业的基本信息进行代码化过程,将农作物的种植面积、种植模式、土地编码、当季产量、联系电话等基本信息编制成标准化的代码;编码格式主要是规范数字农业各领域中的数据编码格式、统一编码标准、制定标准代码等内容;数据共享主要是对数字农业基本信息建立信息库的过程,通过为数据共享提供访问接口,设定交易规范和数据归档管理等内容。

4. 管理标准

管理标准是对数字农业标准体系中对相关数据实施管理的方法、流程和制度进行规范性要求的全过程管理基础。包括质量管理、资源管理和评估管理。其中,质量管理主要是对数字农业相关的数据信息进行质量管理,包括数据标准、数据参数、数据溯源、数据分析、数据服务等内容;资源管理主要是对数字农业相关的数据信息进行资源分类、优化和构建目录等内容;评估管理主要是对数字农业相关数据的质量、管理规则与流程、信息共享的系统化过程进行规范性管理,如制定评估准则、确定评估方式、构建评估指标体系、确定评估方案等内容。

5. 技术标准

技术标准是数字农业全周期管理过程中所涉及的各类、各领域关键技术的规范性要求。这些关键技术涉及整个数字农业在具体应用场景中对产生的数据信息、信息应用、信息传递、信息共享和信息管理过程中所涉及的所有关键技术的相关标准和要求。其中,数据采集主要是针对复杂分散的农业数据来规范其数据获取的对象、方式、流程、工具、方法、频次、精度、范围、指标等信息;数据存储主要是数字农业信息结构化过程,涉及存储的内容、空间、格式等内容;数据预处理主要是对采集到原始相关数据信息进行梳理、归类、集成、标准化等流程;数据分析主要是规范数字农业全周期活动在不同应用场景中的分析算法、理论模型、数据建库、业务架构等内容;数据可视化主要是对数字农业相关活动的可视化管理和应用。

6. 应用标准

应用标准是数字农业标准体系在应用环节所涉及的指导性要

求。这些规范性要求主要针对应用服务而言,随着相关应用性服务范围的扩展,其内容也会逐渐完善。目前的起步阶段主要包括:应用领域中涉及的具体应用场景数据信息的应用标准问题,以及服务功能中涉及应用场景中的解决模型和分析流程等内容。

7. 安全标准

安全标准是数字农业标准体系的安全性要求。依据国家和地方的相关标准,涉及网络安全、应用安全、管理安全和数据安全等内容。其中,网络安全涉及数字农业标准体系及信息共享过程中的网络环境安全、数据传输安全、数据泄露与盗取、计算机病毒防范等内容;应用安全涉及数字农业标准体系中的相关设计软件的安全、平台入口安全等内容;管理安全涉及数字农业标准体系的安全管理问题,如安全管理制度、信息使用权限管理、知识产权管理、流量监管安全、数据备份安全、平台运行维护安全等内容;数据安全涉及数字农业标准体系在设计、生产、服务、管理过程中的数据加密、备份、还原及保护等内容。

三、数字农业标准体系的数据处理

数据处理是构建数字农业标准体系的基础,数据信息的质量和准确度直接影响数字农业标准体系的评价功能和服务质量。数字农业涉及的数据来自诸多领域,数据形态各异,需要进行科学合理的规范化处理,才能实现信息的共享。

(一)数据获取

数字农业的相关数据范围涉及广泛,包括生产环节中的空间数据、资源数据、技术数据、生产资料数据以及农业生物数据等;流通环节中的各类农业机构数据、电子交易数据等;管理环节中的政府政策管理信息、农业社会经济数据、统计监测数据、预警防控信息、质量追溯数据等;服务环节中的细分行业数据、市场供需数据、价格数据、农业机械数据等。这些数据信息按照数据形态可以分为:文本数据、属性数据、空间数据和多媒体数据。

借助数字技术的发展,数字农业发展中的数据获取途径有了较快发展。文本数据主要通过文献查阅法,收集各类科学文献、法律法规、新闻公告以及专题文献等。属性数据通过定点观测获取农业生产的直接、稳定、综合性原始数据,这些原始数据涉及农作物观测、土壤观测、病虫害观测、气候观测等诸多领域,按照抽样调查法对经营业主、农作物等进行数据获取。空间数据主要通过遥感及航空技术、GPS 及 GIS 系统进行观测,观测区域资源特征,提高数据资源的准确度。多媒体数据主要指多媒体工具普及后,各类社会主体从不同切入点拍摄的具有农业价值的音频或视频资料,这类数据在使用前需要进行科学严格的鉴定,通过与其他数据信息进行综合、转化和兼容。

(二)数据预处理

数据预处理主要是对获得的原始数据、基础数据进行整理、集成、转换、归约等处理。数据整理环节需要对原始数据中的缺失数据、重复数据和异常数据进行处理。集成环节主要将各类数据按照数据概念、逻辑结构,借助物理模型进行信息分类,构建完整数据库。转换环节主要挖掘各类形态数据之间的关联,对不同格式和采集标准的数据进行格式转换和标准化处理。数据归约环节主要是将整理、集成、转换后的数据进行归纳整理、剔除,构建科学、完整的数据信息集合。

（三）数据存储

数据存储主要涉及数据的存储方式和存储功能。数据存储方式主要是构建不同农业分类数据库，通过数字农业信息平台的后台服务，进行数据存储和功能服务。存储方式需要借助软件、平台、区块链等技术完成。数据存储功能涉及数据的上传、下载、更新、使用、安全维护等功能。而数字农业涉及的数据信息来源庞杂，因此数据存储的功能管理需要打造相应的业务树。可以根据用户、业务员、管理员三个基本层级，设置不同的管理权限，各自分支完成自己领域中的数据变更、更新等存储管理，进而形成系统的数据库。管理员分设不同的权限等级分层管理，对数据库的不同模块功能进行存储、更新、完善等功能操作。业务员则根据数据来源不同进行分类管理，对数据信息进行导入、存储、管理以及数据修改、更新。用户是数据信息的需求者，可以按照需求频率进行分类管理。安全维护可以通过业务树的分层管理，进行数据安全级别及风险评定，对相应数据进行业务授权，从而构建数据安全管理体系。

（四）数据分析

数字农业的数据分析主要是将工业可控生产的理念引入农业领域，通过相关技术对不同领域的农业数据进行深入加工，从而提高对未来农业生产的预判准确度，以降低农业领域中不可控因素的负面影响。同时，通过农业数据的深度分析，可以提前介入农业生产的全流程，提高农业管理决策效率，形成农业可控生产。由于农业数据来源广泛,农业数据的分析需要借助诸多深度学习算法模型得以实现。

(五)数据可视化

数字农业的数据可视化主要是通过在农业生产现场安装传感器、控制器和摄像头等多种物联网设备,借助卫星遥感技术和计算机图像处理技术等将农业现场数据以图片或图像的形式传递给相关方,实现对涉农数据分析的可视化表达。数据可视化体现了原始数据的实时性、直观性以及各类不同涉农数据间的交叉性和关联性。

四、数字农业标准体系的共享平台建设

建立农业综合信息、农机信息和科技信息多个基础数据库,借助大数据、云计算等技术促进"信息共享",使传统农业向现代农业转变,完成数字化的田间管理、选种、播种、施肥、灌溉和采收,并将农产品营销建设中的生产、加工、包装、运输、销售等各个环节产生的数据进行汇总整合,并达到信息共享和实时传递,以支持实现数字农业发展的决策支持和管理系统。打造农业生产、经营管理、服务管理、农用物资管理、农产品质量监管的信息平台,借助大数据等技术,整合相关的信息平台,构建数字农业智能化网络,根据技术的发展,不断丰富网络节点,逐渐形成一个系统性的数字农业信息网。网络平台的建设需要政府牵头,行业协会负责日常管理,农业经营主体、中介服务机构和科研院所的积极参与。因此,对于网络平台的建设需要从不同层面进行分析。

（一）政府的协调与参与

从政府层面看，信息和技术扩散具有较强的外溢性，需要政府介入协调和监管。就中国数字农业发展现状看，有待大企业充分发挥龙头引领作用，这需要政府的支持与引导；同时，在重大、关键技术创新和信息收集方面，政府的优势明显，因此，政府是网络平台建设的重要参与主体，但是，政府的角色应是参与者，而非管理者。政府应牵头组织重大技术创新项目突破关键技术"瓶颈"，组织协调跨学科、跨行业的协同创新，及时发布国内外数字农业技术创新的最新信息，通过相应的政策措施正确引导数字农业技术创新方向，不断完善创新体制，完善网络平台的公共服务环境。

（二）行业协会的服务管理

从行业协会层面看，行业协会是宏观政府和微观企业之间的沟通桥梁，行业协会应承担服务型管理者的角色。行业协会通过组织本行业中各种规模的企业加入，充分了解本行业的实际发展情况，掌握行业技术发展动态，对行业整体面临的发展困境，及时与各级政府沟通，协调解决的同时，帮助行业内所有经营主体共同发展。因此，行业协会作为服务型的管理者，应及时发布本行业的发展动态、前沿科技发展动态；协调开展行业内企业间的协同创新，鼓励通过协同创新延伸产业链条，构建紧密的产业网络；通过信息发布，引导产业发展方向，协调农产品的产业结构；依据相关的法律法规，制定并完善网络平台管理章程，以互利互惠、公正、公平为原则，创新服务模式，营造良性的竞争环境，维护平台各参与主体的合法权益；建立以互利互惠为基础的利益分配机制，促进万众创新。

（三）农业经营主体的创新实践

从农业经营主体层面看,农业经营主体是数字农业发展的重要参与主体。农业经营主体通过参与网络平台建设,在信息平台上获取种植决策、信息和技术保证,通过信息和技术的沟通与共享,实现自身经济利益。因此,农业经营主体应积极参与网络平台的建设,及时发布自身对数字技术的供需情况,以期获取相关资源;分析平台上的农产品种植状况、市场信息、竞争现状和政策导向,及时调整种植方向和思路;发布自身在数字化种植过程中遇到的问题,借助网络平台不断提高其经济效益。

（四）中介机构的协同发展

从中介服务机构层面看,参与建设网络平台可以为自身拓展更多的市场机会。而且,随着社会分工的深度发展,分工环节越来越细,专业化程度越来越高,出现了大量高水平的专业化中介服务机构,这些服务型中介机构的发展在延伸产业链的同时,带来了更多的创新可能性,可以说,中介服务机构在平台的参与程度体现了信息平台的市场化程度。因此,中介机构应借助信息平台,为平台内各类参与主体提供专业化服务,并寻找新的市场机会;借助信息平台,结合自身的业务范围,发布相关的信息动态,让平台参与者了解市场信息,寻找合作机会;中介服务机构应配合平台管理者完善规章制度建设,保障自身权益的同时,拓展服务市场空间,创新服务范围和服务形式。

(五)科研院所的市场化转型

从科研院所层面看,提升其科研成果的市场转化能力是其参与平台建设的重要目标。科研院所借助信息平台的相互沟通,通过科研成果的市场化实现社会效益和经济效益的同时,也可以及时调整技术创新方向,发现新的切入点,提高科研成果转化能力。因此,科研院所应借助自身农业科技信息的资源、数据库和研发人才优势,及时发布其掌握的前沿理论研究成果和知识技术发展动态,以共享共赢原则为基础,扶持行业协会建立多层次、全方位的技术创新信息共享平台;借助创新科技园,鼓励科研人员参与创新,提高科研成果的市场转化能力,为科研人员获得经济奖励的同时,促进乡村振兴战略的实施。

信息化、数字化已经成为现代农业的制高点,为乡村全面振兴和农业现代化提供有力支撑。通过更加有效的信息引导,强化预期管理和市场调控,促进形成更高水平的农产品供需动态平衡;通过更高标准的农产品市场体系建设,提高农产品流通效率,推动构建农业高质量发展格局,增强供给侧对需求侧的适应性和灵活性;通过加快推进数字农业建设,促进现代信息技术发展应用,提高农业质量效益和竞争力。

第二节　培育新型农业经营主体,种出高质量

产业和市场是否成熟的一个重要标志是市场集中度。中国农业一个不可忽视的问题,就是以家庭为单位的小生产和需求多样

化的大市场之间的矛盾。中国农业经营主体分散,市场集中度低,为此,国家近年来大力发展家庭农场、农民合作社和农业产业化联合体等新型农业经营主体。

从我国农业资源禀赋配置情况看,我国乡村人口众多,农业劳动力资源丰富,但耕地、水资源等自然资源分布不均且人均不足。同美国、澳大利亚、加拿大等农业强国相比,我国地质情况复杂,地貌多山地、丘陵,地块破碎、分散,很对地区并不适宜大范围开展机械化生产。人多地少、自然条件复杂的国情、农情决定了中国不可能走以大规模化和大机械化为主要特征的大农场式发展道路,立足中国实际提升广大农户的生产组织程度,走适度规模化发展道路将成为我国实现农业现代化和农民共同富裕的必然选择。2019年2月,中共中央办公厅、国务院办公厅印发的《关于促进小农户和现代农业发展有机衔接的意见》中指出,发展多种形式适度规模经营,培育新型农业经营主体,是增加农民收入、提高农业竞争力的有效途径,是实现数字农业高质量发展的必由之路。

一、家庭农场

2013年中央"一号文件"鼓励创办家庭农场,创新农业生产经营体制。家庭农场是以家庭经营为基础,同时与现代农业生产要素相结合的微观经济组织。[1] 具体而言,家庭农场是指以家庭成员为主要劳动力,从事专业化、集约化农业生产,并以农业收入为家庭主要收入来源的新型农业经营主体。[2] 随着国家相关政策的

---

[1] 高强、周振、孔祥智:《家庭农场的实践界定、资格条件与登记管理:基于政策分析的视角》,《农业经济问题》2014年第9期。

[2] 薛亮、杨永坤:《家庭农场发展实践及其对策探讨》,《农业经济问题》2015年第2期。

密集出台,对于家庭农场的相关配套措施已基本建立,家庭农场发展的重心开始转向高质量发展阶段。家庭农场相对于传统小农户而言,根本的区别在于家庭农场的规模化经营。规模化经营意味着土地、资金、人才等方面的需求随之提高,但目前这些高标准的需求尚且无法满足,制约了家庭农场的进一步发展。因此,促进家庭农场的高质量发展需要把握以下几个方面。

(一)完善家庭农场的制度体系

家庭农场是数字农业高质量发展的重要载体,是为弥补小农经济的不足而蜕变升级的新型农业经营主体。相对于小农经济,家庭农场需要大量的土地形成规模化生产以提高单位劳动生产率,这也需要大量的资金来保障土地租赁、农机具投入等需求。同时,家庭农场需要及时掌握相关信息以调整其经营品种、规模来满足市场多样化需求,而这些生产要素的获得需要政府的制度保障。

首先,完善土地流转制度。土地是家庭农场高质量发展的基础。近年来,国家在完善土地流转制度方面做了大量工作,但仍有一些方面需要进一步完善。一是要将土地流转的相关细则制度化,在出现纠纷时,能够为双方的权责提供法律依据;二是组建土地流转服务机构,将土地流转的各项工作规范化,保证相关工作合法、合理、合规;三是鼓励创新土地流转方式,允许租赁、转包、入股、合作等多种形式的土地流转方式,促使相关农户在符合条件的情况下,获得土地,兴办家庭农场。

其次,提高政策服务的精准性。农业是社会经济发展的基础,也是国家公共政策的重点领域。家庭农场的高质量发展,同样离不开政府扶持。家庭农场在资金、技术、服务等方面均处于弱势地位,需要政府提供精准的政策服务。一是家庭农场的资金来源有限,需要政府帮助其成立互助担保小组从金融机构获得贷款,也可以对符合条件的家庭农场提供政策性专项扶持贷款,通过多种方式拓展其融资渠道,为其高质量发展提供充足的资金保障;二是家庭农场高质量发展离不开数字技术,单个家庭农场应用数字技术的成本过高,需要政府搭建信息平台提供最新的各类生产信息,引导家庭农场合理经营,获得更高收益;三是家庭农场要逐渐提高自身的市场竞争能力,单个家庭农场在参与市场竞争过程中,因势单力薄处于竞争劣势,需要政府大力扶持发展社会化服务体系,及时分享技术及管理经验,引导其规范经营,借助产业的协同力量提升其竞争能力。

最后,强化政府规范性管理。国家为扶持家庭农场发展出台了一系列配套政策措施,为保障相关措施的落实,需要加强政府规范性管理。一是对家庭农场的申报条件、认定标准、政策优惠对象等门槛应有明确的界定,避免劳动力配置不合理,杜绝套取国家补贴行为,严格规范管理;二是对于各项扶持措施的实施情况进行规范监管,特别是政府资金的使用情况要全程监管,动态监测,从政策下达到执行以及相关反馈形成闭环管理;三是对于家庭农场发展中遇到的问题要建立反馈渠道,了解家庭农场的客观需求,对被扶持对象的前后情况进行对比,及时调整扶持措施以保障其有效性。

(二)加强经营管理能力的培养

中国的家庭农场是在集体土地所有制基础上发展起来的一种适度规模生产经营方式,它的基础是家庭。随着经营规模的扩大,对其经营者的相关能力要求有所提高。依靠传统生产经营模式，难以获得预期收益，因此，家庭农场的经营者也需要通过各种途径提升自身能力。

首先，培养新型职业农民。中国家庭农场的经营者主要是过去的个体农户，他们在农产品生产方面有较丰富的实践经验，但是缺少对现代农业技术的了解，而且也缺少规模化经营的管理经验，需要通过各种便捷渠道获取相关知识。数字技术为这些家庭农场的经营者提供了最为便利的渠道。通过新媒体让经营者足不出户就能学习到先进的农业生产技术、及时获取相关信息，也可以通过数字农业平台进行网络咨询，逐步提高其经营管理能力，以适应家庭农场的发展需求。

其次，吸引外出人员返乡创业。家庭农场的经营管理不再是简单的体力劳动，而是需要运用新技术的科学管理，以提升农业附加值。当前，在老年人接受新技术能力不足、年轻人不愿回乡的情况下，可以鼓励外出人员返乡创业。这部分群体在外打工过程中，对信息技术的了解和掌握能力优于留守的老人，接受新技术和新知识的能力也较强。在政府通过相关政策吸引他们回流之后，要定期组织专家、技术人员帮助他们提升经营管理能力。

最后，制定企业化规章制度。家庭农场事实上是一种企业化的运营模式。中国企业的实践管理经验可以帮助家庭农场经营者提升其经营能力，家庭农场借鉴企业规章制度能帮助其实现快速发展。在农产品的品质控制、产品销售、农场管理、人员培训、财务融资、战略规划等方面都可以借鉴企业界的成功经验，将家庭农场作为小微企业来培育发展并逐步完善。

（三）发展多元化运营模式

目前，多数家庭农场相较于传统的小农户生产，只是在生产规模上有所改变，在经营意识、经营模式上基本还是沿袭传统模式。受农产品质量不稳定、新技术应用不及时等主观因素影响，与产业链上下游相关企业之间缺少长期稳定的合作关系，无法建立稳定的利益分配机制；同时，受农产品储存难度高、交通便利性相对差等客观因素影响，农产品上行通路不畅，使家庭农场无法得到高质量发展，因此，需要结合各区域农业发展情况，发展多元化运营模式，促进家庭农场发展。

首先，与农民合作社合作，提升市场竞争力和抗风险能力。单个家庭农场在信息获取方面处于相对劣势，通过加入合作社，可以与社内成员组团提高农资产品的议价能力，共享生产技术、农机装备、农产品销售渠道等服务，从而提升自身的谈判能力，并降低农机设备的资源利用成本，进而提升自身的市场竞争力，降低经营风险。

其次，与龙头企业合作，提高农产品的精加工能力。单个家庭农场更多依赖于传统的农产品生产模式，在农产品进入销售环节时，多是未经加工的初级产品，这种模式已经无法适应品质化、个性化的市场需求，难以提升农产品附加值。通过与龙头企业合作，按照龙头企业的要求选种、种植（养殖），对初级农产品进行初加工，满足市场多样化、品质化需要，以提升自身的盈利能力。

最后，与电商企业合作，拓宽农产品销售渠道。随着农村电商的快速发展，单个家庭农场可以更为容易地拓宽销售渠道。通过与电商企业合作，建立稳定的销售渠道，一方面，按照市场需求对农产品进行初步分拣、包装,提高农产品的附加值;另一方面,通过与市场的直接对接,提高家庭农场的品牌意识,逐步打造品牌,与电商企业共建品质稳定、货源稳定的农产品产销通道,形成稳定的利益关联。

二、农民合作社

农户和家庭农场作为单个主体直接面对涨跌动荡的农业市场具有较高风险,一方面因信息不充分导致农产品市场的发展趋势无法科学预判,另一方面因规模小缺少议价能力,在市场上处于弱势地位。数字农业背景下,借助数字平台,农户和家庭农场加入农民合作社可以将分散的农户和家庭农场组织起来一起对抗市场风险及市场失灵问题。农民合作社借助数字技术为社员提供各种具有公共物品属性的公共服务,如种养规划、技术指导、市场信息等。基于此,本书认为发展农民合作社,搞好农业合作经济应当重点把握以下几个方面。

(一)大力发展能人经济

能人经济在20世纪90年代的农业发展中发挥了较大的带头作用。实践证明,搞好搞活农民合作社,也要充分发挥养殖大户、乡村能人、农业龙头企业家为代表的致富带头人在生产技术、管理经验以及融资能力等方面的优势,通过先富带后富的方式实现农业大户和普通农户间的合作共赢。要对能引领普通农户开展合作社建设经营的农业大户,给予多方政策扶持,鼓励银行和保险机构提供融资帮扶,鼓励地方政府采取税费优惠、农机具补贴措施,鼓励合作社通过制度创新进行激励分红,加强宣传,激发本地农业大户的乡土情怀和致富热情,提升其共同致富的使命感和责任心,发挥好榜样带头作用。同时,引用成功案例破除普通农户的观望态度和畏难情绪,搭建好双方沟通联系的纽带和桥梁。

(二)选择好的致富项目

建立农民合作社的目的是要改善农户收入水平,实现共同富裕,只有让社员在合作中尝到甜头得到实惠,才能让社员相信合作社、信赖合作社,进而实现合作社的发展壮大。因此,在选择发展项目时,一定要因地制宜地根据各地实际情况,把适合合作经济、具有良好前景、符合国家农业发展政策的好项目选出来。鼓励农民合作社争取熟悉当地农情的农技专家、高校教师、外聘专家等外部智力支持,加强合作社的经营管理、财务管理、市场营销、品牌建设和科技应用;组织与各类互联网平台对接,帮助合作社"触网",树立现代营销理念,培养品牌意识,提升产品知名度和附加值。

(三)完善合作社内部管理制度

从各地实践经验看,多数农民合作社存在决策机制不科学、财务制度不明晰、奖惩制度不合理等管理问题。内部管理制度的缺陷一方面使搭便车、偷懒等行为的出现成为可能,另一方面也制约了合作社的未来发展。为此,要支持合作社带头人学习相关政策法规、市场营销、人力资源、财务及管理决策等方面的知识,不断提升自身综合素质,提升企业管理能力。另外,要引导合作社自身完善内部管理制度,逐步改善账务不清、赏罚不明、权责不统一等问题,实现合作社发展的规范化、科学化发展。

（四）加大投入力度

资金是企业赖以生存的血液,对于生产风险较强的农业项目来说,资金的支持和保障显得尤为重要。通过上述分析,发现加大对合作社的资金投入既有利于合作社的发展,也有助于提升核心社员在合作社的主导地位,但是实践中还存在一些因素制约了合作社的资金投入规模。建议大力加强返乡创业宣传,引导社会资本向乡村产业发展倾斜。鼓励金融机构加大涉农信贷投入力度,缓解合作社资金压力。支持一些前景好、符合现代农业发展需求的合作社通过联合生产、组建地方协会等方式做大做强,继续扩大经营规模和风险防范能力。

三、农业产业化联合体

农业产业化联合体是中国农业生产力发展的一种组织创新,是适应农业产业化、信息化和规模化发展的一种新型组织模式,政府为此出台了一系列相关政策措施,为其健康发展提供了政策支持。国家农业农村部对农业产业化联合体的界定是:农业产业化龙头企业、农民合作社、家庭农场和种养大户等新型农业经营主体进行农业生产经营活动的新型农业经营组织联盟。农业产业化联合体作为一种组织创新,在增强经营主体合作能力、提高抗击市场风险能力、解决小生产与大市场产销不匹配难题、满足农业增效和农民增收的客观要求等方面有着积极作用。[1] 同时,作为尚处在起步发展阶段的新型组织模式,在其发展中存在着龙头企业辐射

---

① 任志雨等:《中国农业产业化联合体发展特点及前景》,《农业展望》2020年第6期。

带动能力较弱、利益联结机制不健全、着力点不明晰等问题,为此,应从以下几方面着手优化。

(一)提高龙头企业的头雁效应

农业产业化联合体是新型农业组织模式,尚处在起步阶段,现有的联合体多是由小农户和家庭农场组成,农产品种养的品质并不稳定,抵御市场风险的能力也较弱,需要有能力、有规模的龙头企业通过科技创新带动产业链上下游参与者协同发展。

首先,提升龙头企业的科技创新能力。借助龙头企业在行业内的规模优势,鼓励并扶持龙头企业引进先进农机装备,推动区域农业的规模化作业能力;同时,与当地科研院所合作,依托区域资源优势,培育新品种,发展绿色种养技术,提升企业的科技创新能力,带动相关产业的发展。

其次,组织技术培训。龙头企业应对企业内部员工定期组织培训,对新的创新知识进行宣讲,将理论创新与一线员工的生产经验融合,形成行之有效的规模化创新知识体系及创新能力。在联合体内部应定期组织技术指导,将其企业成型的创新知识传递给联合体内的其他主体,探索联合创新的可能性,同时,充分发挥知识外溢效应,带动联合体内其他主体的共同发展。

最后,积极打造信息平台。由龙头企业牵头打造联合体的信息平台,借助信息技术提升联合体的信息管理能力,促进数字农业高质量发展。鼓励联合体内其他企业参与到信息平台建设,通过信息共享逐步构建联合体的利益联结机制,提升联合体的市场整体竞争力。

(二)健全联合体内部利益联结机制

2017年10月,农业农村部等部门联合发布的《关于促进农业产业化联合体发展的指导意见》中明确提出,联合体不是独立的法人单位,不能承担相应的民事责任,成员企业须以独立的产权主体开展经营活动,这也使得农业产业化联合体在内部管理过程中要建立健全利益联结机制,以一个有机整体对外参与市场竞争。

首先,探索多元化的利益联结模式。农民在他们的经济活动中一般是精明的,讲究实效和善于盘算,只要有真正的高收益,他们就会作出反应。[①] 因此,在松散的联合体内部,需要建立利益联结机制形成长期稳定的合作关系,以谋求共同发展。这种合作关系可以是多元的,一是签订长期的订单合作,以法律文书确定双方的责权,明确农产品的质量标准、利益分配等具体内容;二是鼓励小农户以土地入股、托管等形式,通过股份分红等利益联结机制,形成长期稳定的合作关系。

其次,探索新型内部治理模式。联合体作为缺乏法人主体的农业组织,为提高联合体的整体利益和成员个体利益,也要规范各自的经济行为。联合体成员都要形成应有的契约精神,保证农产品的种养质量,构建农产品溯源体系,对农产品质量严格把关,合作建立风险基金、参与农业保险,共同抵御市场风险。

(三)培育以品牌为核心的发展着力点

农业产业化联合体的发展要结合区域农业资源禀赋,重点培

---

① [美]西奥多·舒尔茨:《经济增长与农业》,郭熙保译,中国人民大学出版社2015年版,第11页。

育支撑农业特色产业化发展的着力点。近年来,国家为提升农产品附加值,推出了"一村一品"等农业品牌建设的相关政策措施,强调打造"土字号""乡字号"特色农业品牌,推动品牌强农,这也为农业产业化联合体指明了发展方向。

首先,科学制定品牌发展规划。打造农产品品牌的前提是规模化生产。农业产业化联合体的优势就是通过横向和纵向的联合扩大经营规模,获取规模经济效益的同时也奠定了农业品牌化发展的基础。因此,以农业产业联合体为主体打造农产品平台品牌,是农业产业化联合体实施差异化、特色化战略的基础。联合体以区域特色农业资源为核心,科学制定品牌发展规划,打造核心农产品品牌,围绕品牌农产品的上下游产业链,构建平台品牌,充分发挥品牌效应,提升联合体的整体竞争力。

其次,按照规划制定质量标准。单个农户或家庭农场在农产品种养过程中,农产品质量不稳定,很难打造农产品品牌,农产品附加值难以提升。由农业产业化联合体打造平台品牌后,联合体内的所有成员企业或经营者要承担平台品牌维护的责任。联合体为提升农产品附加值,通过与科研院所合作,选择优良品种,制定科学种养方案,提供专业技术辅导,保证对外提供质量稳定的农产品,以此夯实平台品牌的发展基础。

最后,构建品牌引领体系。农业产业化联合体要以特色化为核心,突破市场上的同质化竞争,才能实现高质量发展。这就需要以品牌为媒介,通过打造平台品牌,借助品牌效应来带动联合体内成员企业的协同创新性发展,逐渐形成产业集聚,形成"雁群"效应,并以市场对品质的需要为基础,逐步构建品牌引领体系,做大做强农业产业化联合体。

第三节 打造特色区域品牌,讲出高质量

随着国家各类农产品品牌、农产品区域品牌扶持政策的落地生花,新生品牌层出不穷。从国家趋势层面,近年来的政府文件中经常出现"质量兴农""品牌强农"等关键词;从行业趋势层面,"高数量转向高质量""价格转向价值";从消费趋势层面,"追求健康品质""乐于文化消费"。这些趋势变化也为数字农业高质量发展提供了解决思路,健康化、品质化、多样化和场景化的产品或服务将成为市场趋势或机会。中国农业很多细分市场还处在有市场无品牌,或品牌不够强大的状态。那么,通过打造特色区域品牌来适应消费趋势的变化,是提升数字农业高质量发展的重要途径之一。品牌塑造有多种途径,消费者的消费观念和消费动机能够塑造品牌,按照消费者的需求塑造品牌,反过来也是迎合及满足消费者的需求。为此,我们从生产者利益最大化和消费者效用最大化的两个视角探寻特色农产品区域品牌构建的策略,培育产业生态,让更多的消费者了解相关产品以及产品背后的文化,讲出高质量。

一、"体验+设计"共同创造的线下宣传模式

对于消费者而言,无论是汽车、珠宝等高端产品,还是大米、水果等日常生活中价值不高的消费品,消费者在意的是消费体验过程中给其带来的效用。而产品本身的功能事实上是产品的基本属性,是所有投放到市场上的商品所必须具备的属性。因此,消费者关注的是在消费体验过程中所感知到的产品友好性、便捷性和情

感上的满足感。也就是说,从消费者的视角看,消费体验是其关注的核心,而且也成为产品成功与否的关键。传统消费者对农产品功能的要求其实并不高,安全、放心即可。随着消费能力的升级和消费观念的变化,消费者开始追求健康、绿色、养生,农产品从农田到餐桌成为消费的新潮流。在这种消费潮流下,通过"体验+设计"来深度挖掘品牌文化,以差异性为重点,宣传特色农产品区域品牌,可以提升品牌的市场认知度和魅力度。

"橘生淮南则为橘,橘生淮北则为枳",说明特色农产品因地域带来的独一无二的差异性是打造品牌的核心资源,这种差异性是特色农产品与生俱来的生态和文化,是打造农产品区域品牌最主要的资源禀赋。特色农产品的孕育发展离不开相关的自然资源、历史工艺、习俗文化,这些非物质文化伴随着特色农产品成为其"差异性"的重要组成部分。而这种差异性需要通过某种形式展现给消费者,让其身临其境般体验、感知,才能认可品牌、接受品牌。区域品牌的品牌文化是一种集体共鸣,需要通过品牌名称、个性化的品牌标识、朗朗上口的品牌口号来形成品牌的价值认同和品牌魅力,引导消费者的消费偏好。因此,农产品区域品牌的宣传需要将消费者拉入品牌体验中,通过其亲身体验,带动其参与到品牌设计,为区域品牌的宣传提供更多的可能性。而且,农业作为体验性较强的行业,通过体验可以更好地感知、了解品牌背后独特的历史文化,在吃出健康的同时,享受精神上的体验和愉悦。比如,前些年腾讯线上桌面小游戏QQ农场延伸到线下的私人定制农产品服务,就是典型的"体验+设计"模式,是为消费者实施定制个性化的产品或服务。通过消费者的主动选择,为消费者打造难得的农产品消费过程体验。同时,通过消费者积极参与设计,也赢得了品牌声誉,为推广农产品区域品牌提供了宣传渠道。

在品牌传播过程中,抓住品牌的灵魂,通过传播中的一句关键广告语获得消费者的认同,是品牌成功的第一步,而这句关键广告语一定是源于消费者的心底意识,是消费的根本动因。因此,这句关键广告语的选择应该让消费者通过体验来参与到相关设计环节,从而产生共鸣以形成品牌的稳定消费群。比如,王老吉的广告宣传语"怕上火,就喝王老吉!"直接道出了产品的凉茶品类,不同于其他的饮料品类。当消费者熬夜加班、亲朋聚会时,喝一罐王老吉,似乎可以给自己补充能量,缓解身体不适,预防上火。

"体验+设计"是一种线下宣传模式,通过一步步战略设计,逐步引导消费。一是通过线下品尝打开市场,积累蓄能;二是常规促销提高市场占有率;三是终端场景体验,将线下与线上相结合,引流线上;四是设计品牌沉浸式体验,让消费者通过自身体验,感知品牌灵魂,产生共鸣,在提高品牌忠诚度的同时,通过口碑营销扩大品牌传播。比如,长白山地区的特色农产品资源丰富,吉林省政府目前已成功打造了"长白山人参"区域品牌,但是与丰富的农产品资源相比,农产品区域品牌的建设问题还有待进一步挖掘。长白山作为著名的旅游胜地,可以借助其旅游流量,面向世界推广品牌沉浸式体验。进入长白山区域,游客直观感受到清新的空气、良好的自然环境、天然的泉水等。通过专业的新媒体设计,借助声光电技术讲述相关品牌故事,体验手中的特色产品就会有不一样的品质感受。宣传品牌的高质量所在,为农产品区域品牌宣传提供强有力的支撑。

二、"兴趣+社群"共同营造线上营销模式

对于消费者而言,互联网时代,公众交流的渠道更加多元化、便捷化,大家只要有相同的兴趣就可以通过网络跨越时间和空间连接在一起。互联网与新媒体的快速发展,使得品牌宣传可以实现"群体精准化",兴趣相同的朋友间口碑传播营销效果远比高投入的广告效果要好得多,而这些朋友通过互联网可以快速、便捷地将其体验有针对性地传递给目标受众,这样的营销模式非常适合互联网经济的传播方式,互联网连接的便捷性也有利于消费者获得更多商品的体验信息,从而进行比较、选择,这也是传统媒体广告难以比拟的地方。

中国农业资源禀赋差异较大,很多区域特色农产品的市场认知度仅局限在区域范围内,且受产量的限制,市场认知度相对较小。同时,农产品市场长期以来忽视品牌效应,使得很多优质高附加值的农产品在市场上以较低的价格出售,农民增收困难的同时,消费者的差异化需求也没有得到满足。随着国民品牌意识的提升,农产品品牌建设也得到了快速的发展,特别是农产品区域品牌建设得到了各界的重视。借助数字经济的发展,农产品区域品牌的宣传也应在传统线下营销模式的基础上,积极扩展线上营销模式,通过线上、线下融合,实现更好的品牌宣传。

近年来,"排队的喜茶""讲故事的褚橙"借助互联网的社交分享,成为一种消费现象。虽然,他们的成功不可复制,但是这种互联网社交思维方式可以借鉴。喜茶和褚橙成功的关键是挖掘了消费者的从众心理和猎奇心理,借助互联网的社群分享,实现了自发传播,扩大了品牌认知,进一步增加了从众消费和猎奇消费,形成雪球效应,提高了品牌知名度。这种社群营销的本质就是"兴

趣+社群",围绕共同的某个爱好,打造专有的私域流量池,通过线下体验、线上分享、以老带新,实现流量转化。借助私域流量,品牌可以主动地反复触达并唤醒消费者,通过消费者扩散品牌影响力,并且通过数据精准分析用户行为,实现消费数据的应用和变现。

借助互联网技术和新媒体的发展,农产品区域品牌在品牌营销模式上,可以选择"兴趣+社群"的"群体精准化"营销模式,集中资源聚焦发展优势市场,逐渐以点带面,实现最大的营销效能。借鉴小米、美团、滴滴模式,以"高端质量、大众价格、社群活动"垄断流量,培养消费者的消费习惯,形成固定消费群及消费场景,再通过社群分享触达消费者,形成"品效合一"的品牌营销模式。因此,"兴趣+社群"的线上营销,首先,应打造品牌IP,挖掘消费者的兴趣点,培养消费习惯,让传统的农产品也能符合新生代消费者的消费习惯,触达消费者产生跨界的快感;其次,打造私域流量池,利用数字技术,通过微信小程序、公众号等方式,将产品经营转向消费经营,最终搭建自己的品牌小程序,使其成为自身利润增长点的同时,深度挖掘消费数据,提前预判消费趋势,甚至引领消费趋势,进而实现品牌突围。

三、"健康+赢得"共同获益的新型商业模式

对于消费者而言,购买任何一种商品的目的在于该商品能够给消费者带来其预期效用,在同等效用的商品选择过程中,消费者自然会倾向于选择那些使用方便、售后服务便捷的"健康"产品。因此,在面对丰富的市场供给和易得的产品信息时,消费者对产品品牌和企业品牌的关注度会受到影响,消费者掌握了市场的主导。只要产品"健康",那么就会吸引消费者,获得消费者的认可。

　　打造特色区域品牌一定要通过构建"健康+赢得"共同获益的商业模式,深度挖掘品牌产品的核心,这个核心一定要与消费者产生集体性的共鸣,它在满足消费者物质需求的同时,可以回应消费者的期待,从而产生黏性,以持续性吸引消费者的关注,形成品牌忠诚度,最终实现农产品预售。目前,随着消费者消费能力的提升,对农产品的消费趋势也呈现出明显的变化,越来越多的消费者开始关注健康、品质,因此,农产品区域品牌的核心之一就是"健康",顺应这一消费趋势,通过"健康"则可以"赢得"更多的消费者,逐渐提升品牌溢价能力,赢得市场。

　　品牌塑造成功的关键是要根据消费动机挖掘品牌核心能力,形成品牌核心能力后,又可以反向更好地满足消费者的消费需求。随着中国产业升级、消费升级的不断推进,消费者的消费意识和消费动机有了明显的变化,健康、安全、好吃、新鲜、文化等动机成为消费者在农产品消费过程中关注的重点问题。而农产品的特色品质是由其赖以生存的产地特色资源禀赋决定,这也是农产品区域品牌的核心所在。农产品的产品品质特征受地理纬度和气候条件影响,各有千秋。按照苹果的生长特性,最好的生长环境在南北纬35—50度之间,经度从东往西,水分越来越少,甜度越来越高,同样是口感甜脆的苹果,国内目前苹果的区域品牌建设较为成功的是甘甜无渣的新疆阿克苏冰糖心苹果、脆蜜香甜的陕西洛川苹果、甜脆可口的山东烟台苹果等品牌。每个区域品牌的苹果口感又各有差异,但是对消费者而言,首选的是健康、安全,在此前提下才会放心选购。因此,任何一个品类的农产品在打造品牌过程中,首先要保证健康。此外,可以根据消费者的需求,结合科技手段培育优质品种,赢得更多消费者的认可。

农产品天生具有高度同质化的问题,因此,打造品牌尤为重要。农产品做品牌首先要保证健康,这是消费者对农产品的最基本要求。围绕健康,挖掘品牌文化,打造品牌差异性,借助高品质的"正宗"产品,搭建消费者与品牌之间的精神桥梁,提供超越期待的产品和服务,形成黏性,从而赢得市场,与消费者形成共赢的商业模式。首先,深度挖掘区域资源禀赋的特殊性,运用科技手段,创新品种,提供健康的、符合消费口味的农产品;其次,将农产品与生俱来的文化与科技手段相结合,做好推广,结合前文所述的线上线下营销体验,来吸引消费者,并以优质的产品品质赢得消费者的信赖,最终实现"健康+赢得"的共赢模式。

四、"关联+网络"共同体验的产业模式

对消费者而言,随着国民收入的增长,消费者的消费行为发生了较大变化,人们开始追求个性化的消费,对千篇一律的同质化商品的购买欲望下降,消费者仍然喜欢健康食品、时尚产品,但是在消费过程中,消费者会倾向于寻找那些可以凸显其个人差异性的品牌产品。而对于农产品,消费者往往更关注于其绿色、健康等问题,通过打造以健康为核心的农产品区域品牌,既满足了消费者的消费需求,也实现了农业的高质量发展。此外,对于工作压力、生活压力较大的工薪阶层也需要一个缓解释放压力的出口,因此,在互联网时代,消费者在关注产品本身的同时,也关注农产品相关的延伸产品,如近郊的采摘、特色小镇等农业综合服务,而这种服务需要建立农业生产环节与消费终端的关联网络,通过这样的关联网络,一方面,为消费者提供更丰富的体验服务,建立消费者与农户之间的互动渠道;另一方面,也为农民增收提供更多的可能性。

　　中国作为农业大国,农副产品资源丰富,这些农业的"金山银山"成为打造品牌化农业的资本,国家提出的"一村一品""一乡一特""一县一业"也在挖掘农业的"金山银山"过程中起到了重要作用。同时,千百年流传下来的"药食同源"养生智慧深入人心,也为农业品牌化发展夯实了基础。但是,我们也要看到,虽然这些年中国农产品的品牌化发展取得了较好的成绩,但是后续乏力,主要问题在于农业的产业化水平较低,农产品区域品牌的市场经营主体缺位,产业发展缺少领军型企业。而通过数字赋能,打造"关联+网络"产业模式,是数字农业高质量发展的重要途径之一。

　　农业是国家发展的重要基石,随着社会经济的发展,传统农业需要以现代科技为手段向现代化、数字化转型,需要为农民提供多渠道的增收方式,打造农产品区域品牌是提高农民收入的一个途径,如"好想你"品牌大枣就使大枣的销售从地摊散货走向中高端市场。通过打造品牌挖掘农业的"金山银山",借助网络实现产供销一体,提升农产品附加值。打造农产品区域品牌一定要确定自己的品牌核心业务,比如长白山人参的核心业务就是养参卖参,做好核心业务之后,可以围绕长白山地区的资源,开发人参的延伸加工品、人参文化特色小镇文旅等,形成三产融合,推动品牌经济的高质量发展。夯实主营业务能力之后,要扩展市场渠道,打通前文所述的线上线下渠道,线下稳扎稳打,开辟一个市场之后,通过模式复制进行拓展,线上则借助新媒体、电商等手段,开辟整个国内市场。借助品牌效应,通过产业关联与网络宣传的产业模式,实现数字农业高质量发展。

　　数字农业时代,农产品区域品牌的打造同样需要借助数字技术。首先,围绕农产品的关联交易,搭建农产品区域品牌的自有交流平台和农产品交易平台。借助依赖度强、流量大、活跃度高的微信、微博等社交平台,打造交流平台,宣传品牌文化,提供社群交流渠道,在深度挖掘消费数据的基础上,扩展品牌宣传,提升品牌服务;借助各大购物网站和微信小程序、微商城等电商平台发展自有交易平台,特别是微信小程序,可以通过店铺二维码、小程序码等推广方式实现二次营销。其次,借助数字技术和关联平台获得的相关数据,构建品牌自有的客户关系网络。客户管理信息系统的构建技术已经趋于成熟,品牌需要将自身消费数据与其结合,从而高效管理客户,获得客户画像,了解市场趋势,提供后续的精准营销,实现精准化、一体化的产业发展模式。

提高数字化、产业化水平是数字农业高质量发展的重要途径之一。中国农业目前的主要问题是弱小散户的小规模生产与个性化的大需求无法匹配,在市场终端直观表现为:农产品质量无法得到保障,消费者只能通过反复的试吃、比较来确定日常的购买,而农民也无法从高品质产品的销售中获得应有的利润,买卖双方无法实现共赢的同时,中国农业也难以实现高质量发展。因此,农业的经营主体需要从分散的农户向规模化的企业转变,农业也要从传统的自给自足转向市场化的竞争。2020 年,国内的京东、拼多多、网易等巨头平台纷纷踏足数字农业领域,利用自身优势资源加强与各地的产销对接,在数字经济时代,积极布局数字农业产业。因此,从生产者利益最大化和消费者效用最大化的两个视角探寻特色农产品区域品牌构建的策略,将成为贯通农业产销市场的桥梁,更好地培育产业生态,讲出高质量。

第四节 完善农村物流体系,运出高质量

中国是农业大国和人口大国,对应的农产品生产和农产品消费规模十分巨大,庞大的农产品流通市场如果没有完善的、配套的物流体系无法运转。传统农业物流的特点是次数少、单次数量大、节点多、流程长,使得物流的效率低、效益差,而且农产品的质量相对也低,难以满足市场对农产品的品质需求。随着信息技术的快速发展、农村电子商务的崛起,传统的物流体系已经无法适应市场的变化,农村双向物流体系逐渐向数字化转型。

随着电子商务的快速普及,物流业得到快速发展。2015 年,国务院颁布《关于促进农村电子商务加快发展的指导意见》,提出加快完善农村物流体系建设。同年,农业部等部委联合印发《推进农业电子商务发展行动计划》,首次提出完善农产品电子商务线上线下对接,建立农产品网络集货平台并实现其平台对接功能,重点支持“二品一标”产品网络推销,建立农产品网络信用,扎实推进农业电子商务快速健康发展。此后,国家及各地方政府陆续出台一系列政策,引导农村电商物流的发展。2021 年 7 月 30 日,中央政治局第二季度会议上,再次提出加快贯通乡村电子商务体系和快递物流配送体系,可以看出农村物流体系在农业发展中的重要地位。农村电商物流是数字农业的重要组成部分,也是数字农业中表现最为活跃的一个分支。

一、促进农村电商物流发展

随着国家数字乡村建设的有序推进,农村电子商务也呈现出

迅猛发展的态势,农村网络零售也得到了较快增长,对农村电商物流的需求倍增。目前,农村电商物流几乎覆盖了所有的农村市场经济主体,农业生产主体、农民合作社、农资供应商、批发商、零售商、消费者等市场经济主体均可通过互联网实现网络消费、资金结算与物流服务,实现了农产品从生产到销售、"最后一公里"物流配送的全过程服务。通过数字化管理,可以实现全过程的信息共享,降低供应链流程中信息不对称带来的影响,同时,通过各节点的协同整合提高了农村电商物流的效率和效益。

中国农村电商物流发展的理念相对滞后,仍然是以生产→传统物流→销售为基础的简单的电商物流产业链,对能够提升农产品附加值的农产品深加工、冷链物流等环节的关注度不高,使农民增产不增收。而且,中国农业生产者的组织化程度相对较低,单个生产单位的产出有限。在农产品电商销售过程中,经营主体小而散,使得物流环节因无法实现规模化管理而导致成本无法降低。因此,完善城市和农村间的商品流通体系,缩短生产者与消费者之间的距离,才能将城市和农村市场连接为一个整体,从根本上促进城市、农村之间的商品双向流动,实现数字农业高质量发展。

(一)成立农产品销售合作社

中国农业生产的基本面仍然是以家庭为单位的小农户生产为主,这种局面短时间难以改变,在这种背景下,单个农户的农产品供给规模相对有限,在农产品销售过程中,几乎没有产品外包装的保护,无法保证物流过程中产品的品质。因此,应成立专门的农产品销售合作社,规范农产品包装,通过规模化组织,提高物流效率,增加农产品附加值。

首先,以自然村为单位,按照不同农产品品类成立农产品销售合作社,将全村同类农产品按照一定的质量要求进行集中售卖,通过信息平台搜寻批发商或物流企业,以规模优势拓宽销售渠道和物流渠道。农民通过合作社获得规模化销售的实际利益后,就会积极参与到合作社的经营中,从而获得规模经济的红利。

其次,形成基层经济组织后,合作社要借助信息技术,及时掌握市场动态,引导农民通过调整种植结构、品质改良,努力提升农产品的品质,按照市场变化调整产量,减少因盲目性生产而造成的增产不增收现象。同时,配合物流企业,引导农民在采摘后进行初级产品包装,降低物流损耗的同时,增加农产品附加值。

(二)加大物流网点建设

在国家数字乡村建设的顺利推进下,基本上完成了省、市、县三级物流网点的建设,一些近郊的乡村也都设立了物流网点,但是一些交通不便利的区域尚未完成乡村基层物流网点的铺设。随着国家5G网络的铺设,农村电商将会快速发展,因此,提前布局、加大物流网点建设,既可以促进消费品下乡,也可以将优质农产品带进更为广阔的市场。

首先,搭乘数字乡村建设的顺风车,加快农业信息网络平台的建设,将基层建制村的相关信息全部纳入信息化平台的同时,扩大市场对农产品需要变化的信息宣传,消除供需之间的信息鸿沟,指导农民按照市场需求进行生产,帮助农民增产又增收。

其次,加强与农民销售合作社的合作,帮助其实现农超对接,为合作社和超市提供长期稳定的物流合作,以此为基础,逐步加大物流网点建设,通过这种稳定的合作关系,逐渐扩展物流服务范围,在增加农产品异地销售"场所价值"的同时,开展冷链仓储业务,提高农产品异时消费的"时间价值",做好城乡之间的物流纽带。

二、完善冷链物流体系建设

数字农业在促进传统农业与其他产业融合的过程中,为农村电商物流的发展提供了新动能,也为农产品冷链物流发展提供了广阔空间。农产品冷链物流是指水果、蔬菜、肉类、水产类等生鲜农产品在加工、分类、装配、运输、零售等环节中始终保持产品所需要的低温储存状态,并且能够保证农产品质量安全、节能环保、低损耗的供应链运输系统。[①] 冷链物流技术的发展,促进了农产品物流效率的提高,但目前农产品冷链物流比例在整个农产品物流中仅为28%,以此估计,农产品物流的损耗率依然在20%以上。另外,目前农产品物流企业依然在相对发达城市进行前置仓布局,而农产品主要来自销地农产品批发市场,所以农产品冷链物流企业应重点关注产地布局,从源头把关。依据联合国粮农组织对农产品流通环节损耗率测算数据可知,农产品流通上游环节占据农产品总体消耗的54%,农产品流通中游环节占据农产品总体消耗的31%—39%,而下游环节只占农产品总体消耗的4%—16%。[②]由此可见,现有的冷链物流体系集中在建设环境相对较好的消费端,而非流通损耗严重的产出端,冷链物流体系有待进一步完善。

农产品物流包括农产品产后采集、流通加工、包装、储存、搬运、装卸、运输、配送等环节。[③] 对于农产品物流而言,采摘、运输、

① 陈姗姗、丁胜:《乡村振兴背景下我国农产品冷链物流需求影响因素分析》,《物流工程与管理》2021 年第 43 期。

② 吕建军:《中国农村电商物流发展报告》,人民网 2020 年 4 月 24 日。

③ 巩俊岭:《农产品物流模式的演化机理与影响因素研究》,东北财经大学 2013 年硕士学位论文。

储存等环节直接影响农产品的品质和价格。因此,这些环节需要运用冷链运输以保证其品质和价格。在中国,农产品冷链物流与其他物流业务相比起步较晚,配套基础设施建设并不完善,相关的规范化和信息化管理水平较低,使得农产品出现滞留,给农产品经营者带来经济上的损失,也无法满足消费者对生鲜食品的需求。信息技术在整个农业产业链上的信息化、数据化管理为农产品冷链物流的发展提供了技术支持,与此同时,农产品冷链物流的良性发展也会促进数字农业高质量发展。

(一)加大农产品冷链物流基础设施建设

农产品冷链物流相对于常温物流的前期投入更大、技术更为复杂。小规模物流企业如果没有稳定的农产品物流订单,不会在这一业务领域盲目增加前期投入。因此,农产品冷链物流需要地方政府的政策扶持以及大企业的引领和推动。

首先,应改进现有冷藏技术。冷藏设备是冷链物流的基本投入,有效降低冷藏设备的购置费用,就可以鼓励更多的企业进入这一细分领域,通过规模化发展有效提升行业利润。为此,应鼓励制造企业在相关技术上进行联合创新,结合不同区域的农产品特色,针对性地开发冷链运输设备,发展小批量的编组冷藏设备,方便根据市场需求调整运力,降低冷链运输设备成本,提高物流企业的投资积极性。同时,研发采摘后的预冷包装和保鲜技术,从基础环节提高农产品冷链物流水平。

其次,应规划建设低温仓库。不同区域农产品的品类不同,对冷藏温度的要求也各不相同。因此,应提前结合区域农产品的物流需求,规划不同温度的低温仓库。对冷藏库、冷冻库、特殊冷藏库的规模进行科学规划,根据数字化管理,配备相应数量的冷板车、冷藏车、冷藏集装箱,满足市场不同运力的需求。同时,根据季节不同,调整冷库的储存品类,提高冷库的利用率。

(二)完善全程数字化管理体系

加强生鲜农产品物流数字化、信息化管理水平。借助数字农业信息平台,发展冷链物流信息子平台,提高信息传递的准确性,降低农产品冷链物流的盲目性。整合各大冷链物流企业,通过冷链物流联盟,实现农产品冷链运输的全程数字化管理,提高终端农产品品质的同时,增加物流企业的效益。

首先,借助冷链物流联盟,搭建区域冷链物流信息平台。平台不仅要提供基本的物流供需信息,还要提供每个物流订单的全程信息情况跟踪,为物流企业和客户提供无障碍的信息共享。通过全程的物流信息跟踪,强化对农产品质量的监管,运出农业高质量。

其次,加大冷链储运技术的推广。中国农产品冷链物流市场并不发达,专业人才储备不多,技术推广并未普及。事实上,农产品冷链物流的第一个环节是对农产品的预冷。而中国的农业从业者对此并不了解,没有相关技能,也缺少专家对其进行技术指导,为此,冷链物流企业要对员工进行专业培训,加大冷链技术推广,提高从业人员的专业性,才能为市场提供高质量的物流服务。

(三)组建农产品冷链物流联盟

随着消费者对农产品消费品质要求的提升,农产品冷链物流的市场空间会逐渐扩展。传统农产品物流企业需要抓住数字农业的发展机遇,根据企业所在区域的农业发展状况,提升冷链运输能力,夯实自身竞争力,拓展业务空间。在农产品冷链物流业的起步阶段,及时调整企业能力,为未来发展奠定基础。

首先,传统农产品物流企业可以通过并购或合作的形式进入冷链物流细分市场。随着物流业务的专业化水平的提升,早期依靠简单的运输设备开展物流业务的物流企业会逐渐被市场淘汰,而且第三方专业物流企业的快速发展加剧了行业间的竞争态势,因此,对传统物流企业而言,通过并购或合作拓展物流业务领域,是物流企业发展的必然选择。

其次,发展专业第三方物流企业。农产品冷链物流相对于传统物流而言,具有较高的技术门槛,目前,市场的农产品第三方冷链物流企业多是从传统物流企业通过技术升级转型而来,能够提供全流程冷链服务的企业相对较少。因此,现有第三方冷链物流企业需要借助信息技术,对物流全过程进行融合创新,努力提升数字化管理水平,使企业业务能力与整个冷链运输过程相匹配,将自己打造成能够提供全流程冷链服务的专业物流企业。

最后,组建联盟型企业。农产品冷链物流涉及从采摘到最后的消费终端的所有环节,因此,组建农产品冷链物流联盟企业,整合货源,可以形成整条物流产业链的集中化、规模化和数字化管理,提高冷链物流的效率和效益。从产业链的角度,将生产商、供应商、零售商集合在一起,集中实施数字化管理,提高信息的透明度,便于消费者监督和政府监管,实现多方共赢。

三、构建农村双向物流网络

随着数字乡村建设,乡村网络基础设施逐渐完善,农村电商发展迅猛,但农村双向物流发展并不均衡。由于农村居住相对分散,还有一些地区基础交通设施尚未完善,人工、仓储、燃料等各种经营成本相对较高,而且,农民受周期性收入的影响,其消费行为也呈现一定的消费周期,因此,农村消费品快递发展相对较慢。随着信息技术的快速普及应用,这些情况得到了一些缓解,如京东的无人配送站、苏宁的无人车配送等。但这些措施目前还仅是在商贸流通相对繁荣的近郊区域开展,一些相对偏远落后的乡村地区能否推广普及尚未得知。

　　目前,在农产品上行和农资工业品、生活消费品下行通道上出现了一些大型的电商平台企业的身影,如拼多多、菜鸟、京东都在铺设基层物流网点,他们通过数字技术的不断推广,对整个农村双向物流实行规模化、数字化管理。具体模式如图5-4所示,实线表示工业品、消费品的下行通道,虚线表示农产品的上行通道。

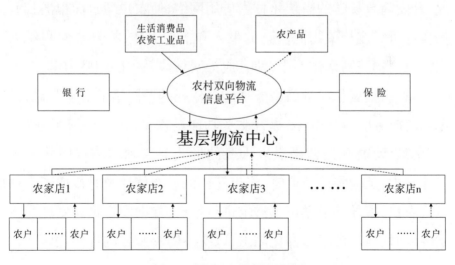

图5-4　农村双向物流发展模式

(一)完善农村工业品下行物流网络

依据国家于 2018 年发布的《农村日用消费品连锁经营网络规范》和《农业生产资料连锁经营网络规范》中的农村工业品下行物流网络建设标准,大力推进工业品下行物流网点的建设,借助数字技术实现小网店建设,大网络布局,通过一网多用,构建农村双向物流综合服务体系。

第一,鼓励农家店的信息化建设。充分利用原有的农村经营网点和服务设施,引导其以加盟形式参与到物流网络建设中,构建最基层的物流网络体系。帮助原有经营业户提高其信息化水平,组织相应的人员对其进行相关网络应用的培训,提升基层农户的网络应用水平。

第二,加强物流网络的模块化功能。针对基层农户的实际情况,开发简单易学的模块化技术应用网络,使农户通过简单的扫码操作即可完成相关物流信息的录入和上传工作,将基层农户纳入农村双向物流网络体系中,使其成为网络体系中的中坚力量。

第三,拓展基层网络服务功能。依托基层网络的群众基础,拓展物流服务的业务范围,提升服务功能及水平,按照国家服务"三农"的政策,鼓励经营网点以入股的形式参与到农村双向物流网络体系中,延伸物流产业链,将市场上的最新信息及时传递到农村基层农户,指导其根据市场需求进行生产,帮助农户提高农产品品质的同时,满足市场多样化需求,以实现物流服务的规模化。

(二)打通农产品上行物流通道

农产品销售是确保农民增收的重要环节。但是,在农产品提供的基础环节,缺少基础的农产品初级加工、初级包装等服务,使得上行的农产品品质无法得到保障,难以满足市场消费者对品质的需求,农产品市场只能低端化发展,无法通过提升产品附加值而使农民增收。因此,需要打通农产品上行的滞点,提升数字农业高质量发展。

第一,引入产业化经营理念。由于中国农业生产属于小规模生产,农产品上行物流的统筹难度较大,物流企业的投入产出比相对较低,阻碍了物流企业的投资积极性。为此,可以引入产业化经营理念,以区域特色产业为突破口,根据地方政府对特色产业的发展规划,引导农户生产特色农产品,并对农产品进行深加工,打造农产品区域品牌,形成特色农产品产业链,以此为基础,形成规模经济,进而吸引物流企业的进驻。

第二,培育更多专业服务中介组织。中国农产品品类丰富,不同农产品的物流标准也不尽相同,因此,要求物流企业根据农产品的属性,借助不同的物流技术手段,提供差异化的物流服务,这为农村物流产业化发展提供了更多的机会。在数字农业发展过程中,通过信息技术与农村物流业的融合,可以培育更多的物流服务中介组织,既可以为农民提供更多的就业渠道,也可以完善农村物流产业链。

(三)建立并完善双向物流信息网络

农村双向物流体系涉及农户、消费者、物流企业、电商平台、农资供应商、工业品供应商、金融保险类中介性服务组织等众多经营主体。其中,农户是农村双向物流的核心,他们既是工业品和消费品的最终消费者,也是农产品的生产者。同时,在双向物流体系中还涉及复杂的商流、物流和信息流,面对众多的商业信息和商业主体,需要借助数字技术才能提高其管理水平,充分发挥各类要素整合后的优势。

第一,整合各类资源。这种双向物流信息,一方面是农户作为消费者,在市场上购买生活消费品和农资工业品,涉及商品不同品质、不同价格,以及售后服务或技术指导;另一方面是农户作为生产者,向市场提供多品类、相对大规模的农产品,而且这些农产品在物流配送过程中,如果各环节衔接不当,会出现高损耗的问题。这些物流信息汇集到物流信息平台,需要利用数字技术对各类信息数据进行归类管理,规划最佳路线,同时,借助信息平台还可以为不同的客户提供金融、保险等服务,将双向物流资源共享,减少空车问题,提高物流效率及效益。

第二,形成产业集聚。信息平台是农村双向物流体系的功能性平台,功能性平台的发展离不开产业的支撑。通过农村双向物流信息平台,拉近产业链上各个环节之间的关系,形成产业集聚。不同组织之间通过合作,实现物流流程的协同运作,建立长期的稳定关系,提高彼此的效率及效益。

第五节 完善数字农业产业链,融出高质量

2020 年 7 月,农业农村部依据《国务院关于促进乡村产业振兴的指导意见》提出"以农村一二三产业融合发展为路径"的要求,编制了《全国乡村产业发展规划(2020—2021 年)》,明确提出:"乡村产业内涵丰富、类型多样,农产品加工业提升农业价值,乡

村特色产业拓宽产业门类,休闲农业拓展农业功能,乡村新型服务业丰富业态类型,是提升农业、繁荣农村、富裕农民的产业。"因此,数字农业高质量发展的产业体系建设也应围绕国家的乡村产业发展目标来落实完成。

数字农业的一个重要功能就是运用现代信息技术收集整理农业大数据,通过科学运用数据,提高农业管理的精准化,提升管理者的统筹能力,从而提升农业生产效率,降低管理成本,实现现代农业的科学管理。因此,构建数字农业产业链并不是单个企业在一个地区的简单堆砌,而是既有竞争又有合作的关系,是市场经济中市场、资本、技术、人才、管理等多个市场要素在市场经济中的矛盾统一过程。数字农业是多领域技术创新在传统农业的集成应用,通过天—空—地一体化监测技术深度挖掘农业数据;通过互联网技术实现信息交换与共享;通过关键技术与装备研发创新实现生产智能化;通过虚拟数字模型研发实现农业生产经营管理数字化;通过不同层次、不同产业类型的技术系统集成研发实现数字农业的网络化,最终形成块状化的产业链,以信息共享引领产业融合,将农业生产拓展到乡村多功能性领域,使其成为城乡融合发展的切入点,实现数字农业高质量发展。

一、多维度努力,打造特色产业

农业特色产业是推动数字农业高质量发展的重要力量。从目前中国的农业产业发展看,基本形成了以区域特色产业为基础的农业产业链或产业集群。比如,内蒙古自治区的畜牧业是其特色农业,围绕畜牧业,内蒙古自治区的奶产品深加工发展得相对较好,打造了"蒙古族酸奶——兰格格"品牌;广西壮族自治区横县围绕茉莉花茶,打造了全国最大的花茶窨制基地。但是,产业链条相对较短,整体附加值不高,农产品加工企业技术含量相对较低,工艺简单,大多数农产品加工企业只是进行简单加工,缺少深加工,导致市场上农产品同质化问题突出。因此,在政府相关配套政策的支持下,数字农业应顺应市场趋势,围绕区域特色资源,积极进行产业升级,打造特色产业,实现数字农业高质量发展。

(一)科学选择特色农业

在选择区域特色农业的过程中,一定要围绕区域农业的资源优势进行科学筹划。在充分挖掘特色资源优势的前提下,以市场多样化需求为导向,规划本区域特色农业发展的基本思路,逐步夯实特色农业的发展基础,提升特色农产品的市场竞争力,形成本区域数字农业的核心产业。

第一,应选择特色农产品的品类。结合本区域的资源特色、市场发展趋势、农产品供给规模等因素,合理选择农产品品类,既要避免市场同质化竞争,还要满足规模化需求。同质化竞争问题可以通过挖掘传统农耕文化等市场方式来解决,而规模化问题要受土壤条件、气候条件等环境因素的影响,市场手段无力解决,但规模化问题又是产业能否做大的重要基础,因此,要科学合理地选择特色农产品的品类。

第二,地方政府应利用其信息优势,引导产业发展方向。市场具有一定的盲目性,农业经营主体看到某类新模式、新业态有利润,就会盲目跟从,而忽视产业配套、同质化竞争等问题,因此,需要地方政府的科学引导。地方政府借助其信息优势,通过相关的政策、金融、技术、人才等方面的引导,从宏观层面根据市场的变化趋势,制定相应的发展规划,引导社会资源集中到一个领域,形成产业集聚,进而促进本区域数字农业高质量发展。

(二)合理规划特色农业的产业结构

合理规划特色农业的产业结构是区域数字农业高质量发展的重要前提。随着数字中国的推进,农业的产业业态会发生较大变化,比如:对生产性服务业的需求会随之增加,对农产品的品牌、农产品精深加工也会有更高的要求。这就要求提前做好合理规划。

第一,对产业结构的规划要有清晰的认识。特色农业产业的选择不是要选择某个单一产业,如种植业或养殖业,而是要结合区域资源条件,从整个区域环境生态的层面,借助数字技术,合理分配农林牧副渔业的比例,构建立体的生态种养网络,实现资源的充分利用和绿色发展的目标。

第二,提高农业生产性服务质量。传统农业主要是"靠天吃饭",数字农业发展模式下,借助数字技术,提前进行自然灾害、病虫灾害等灾情预警,结合土壤情况,指导农民合理使用化肥,加强对农业生产各环节的科学指导;同时,通过数字农业信息平台,引导农业经营主体根据市场需求,进行农产品深加工,打造品牌,以提升农产品附加值,促进农民增收和产业生态的良性发展,实现数字农业的高质量发展。

二、整合资源,提升农产品加工业

随着中国经济的快速发展,中国企业面临的市场竞争压力变得尤为激烈,农产品加工业作为制造业的分支,同样面临竞争加剧的困境。同时,农产品加工业作为连接农田和餐桌的重要环节,既是提升农产品附加值的关键节点,也是构建数字农业产业链的核心。因此,借助数字技术,打通产业链上的滞点,优化产业结构布局,通过集成创新,促进农产品加工业高质量发展。

(一)聚焦精深加工,完善产业结构

数字农业作为新型农业发展模式,就是通过挖掘数据资源以提高农业生产附加值。农产品加工业中的运行成本和管理成本可以通过信息技术实现成本节约。利用大数据分析及时获取市场信息,提高企业对市场的反应能力,通过订单管理降低企业的管理成本;同时,通过深度挖掘数字资源,制定用户画像,定向研发新产品,为科学决策提供依据的同时,调整营销手段提升销量,有效降低运行成本。另外,数字农业以市场数据为依托,科学判断市场需求,以市场需求为方向,精准提供消费者满意的产品,改变了传统农产品加工生产过程中经验性地判断市场需求与标准化的产品加工之间供需不匹配问题。因此,数字农业依托相关信息技术可以聚焦精深加工,完善产业结构。

第一,借助大数据技术,挖掘市场需求,指导农产品加工企业按照市场需求进行针对性的生产加工实现供需对接,解决供需不匹配的问题。农产品加工企业应积极进行生产设备和生产工艺的优化、创新,提高生产效率的同时考虑加工过程的精细化发展。同时,以消费需求为企业生产方向,提供消费者满意的农副产品。比如,现代都市生活节奏较快,上班族没有多少时间用在买菜做饭上,农产品加工企业就可以根据这一市场需求,为上班族提供免摘菜、免清洗、半加工的食材,在满足市场需求的同时,通过服务提升产品的附加值。

第二,农产品深加工离不开资金和技术,而大企业在这方面具有一定的优势。因此,在农产品深加工领域,需要大企业、龙头企业的引领,提升农产品加工业的数字化管理水平。大企业以其规模优势与科研院所合作进行技术创新、工艺优化,通过规模化生产提升生产效率,及时分析市场需求趋势,拓展企业边界,逐渐形成"初加工→精深加工→产业园"的发展路径。

第三,依托大企业的品牌优势,打造现代农业产业园,通过集群化发展,协同创新,形成供应链网络,完善产业结构。从田间地头按标准收购,组织小农户、家庭作坊进行清洗分拣,鼓励不同规模的经营主体以其技术优势进行农产品相关的储藏、分级分类、包装、干制、腌制、熟制,探索发展订单农业;鼓励规模化企业进行新产品开发,打造品牌农产品,最终打造某类农产品完整的产业链,以产业园区的模式共同发展壮大。

(二)整合优势资源,优化产业布局

按照国家"农头工尾""粮头食尾"的发展要求,围绕各区域特色产业优势,合理规划产业布局,促进农产品加工业升级发展,形成产村融合。

第一,布局加工产能。发挥大企业的引领作用,打造农产品原料基地,从农产品生产环节入手,推广先进农业生产技术,提升农产品质量,形成高质量、规模化加工产能,提升生产效率;在农产品销售源头,实施严格的农产品质量安全监管体系和农产品溯源体系,促进健康、无公害农产品生产加工业发展,试点培育有机农业,推行农产品"二品一标"认证。依托大企业,发展小众类农产品初加工,促进农产品就地增值,逐步打造农业强镇。

第二,促进产销对接。丰富加工产品,在产区和大中城市郊区布局中央厨房、主食加工、休闲食品、方便食品、净菜加工和餐饮外卖等加工,满足城市多样化、边界化需求。以中央厨房为例,通过大企业的"统一采购、统一加工、统一配送"模式,与农户签订合同,按采购标准进行严格质量管控;通过数字化管理提高仓储、配送的规范化、标准化管理水平,保障农产品的源头采购和质量安全;通过数字农业信息平台,多层面拓宽销售渠道,搭建线上生鲜交易平台,打通农产品流通中的"滞点",逐步打造商贸集镇。

第三,加速形成产业园区。围绕区域特色产业,地方政府应加大政策扶持力度,吸引产业集聚,汇集企业形成功能集合,建设"产+加+销"一体化的产业园。围绕初步形成的产业园,逐渐完善园区基础设施,建立配套物流仓储中心,进一步升级产业园,逐步发挥其引领、扩展效应,打造特色化的数字农业产业园。

(三)加快集成创新,促进产业升级

数字农业是借助现代信息技术改造传统农业的新型农业发展方式,其中的关键是应用先进信息技术对传统行业进行技术升级改造,这种升级改造涉及多个领域的多个环节,主要是完善农机产品需求与科研导向目录,以农机具、智能大棚、喷滴灌设施、信息装备等为重点,培育农机装备产业经济。同时,在数字农业的全产业链建设中,应加强配套技术的协调应用,推广绿色生产储存包装技术。通过集成创新,完善全产业链各环节的技术能力,促进产业升级。

第一,加快农机装备、农产品加工设备的研发创新。随着制造业智能技术的快速提升,农业领域的农机装备和农产品加工设备

也面临升级改造的问题。数字技术在农业领域的推广应用,需要配套的农机装备和农产品加工设备与之相匹配。从目前国内的情况看,高端的智能化设备、相关系统软件及关键零部件还依赖于进口,需要中国企业加快农机装备和农产品加工设备的研发投入,提高自给能力。

第二,突破关键环节的技术创新。企业应借助科研院所的研发创新能力,合作创新,加快突破关键环节的技术瓶颈,提高关键设备的国产化率。集聚人才、技术、资金合力,通过集成创新,加快农产品加工工艺和相关设备的改造升级,利用数字技术促进传统农业的产业升级。

三、挖掘生态资产,打造农业美丽经济

美丽的生态环境是农业的底蕴,发展美丽经济是数字农业高质量发展的方向之一。数字农业作为新型农业发展方式,其目标不仅是改造传统农业,还包括与农业相关的整个产业链的构建与完善。随着国家提出三产融合助力乡村振兴战略的实施,把农业和旅游业融合起来,打造农业美丽经济,将现代科技与农业资源、旅游观光、农业科普、房地产开发等集合在一起,以数字化为引导,大力发展乡村旅游、生态康养、观光农业、创意农业等新产业新业态,充分利用农业资源,挖掘生态资产,优化数字农业产业结构,促进数字农业高质量发展。为此,中国企业可以借鉴国外成功经验,根据消费需求,结合各地的资源优势、产业优势,打造特色的、不可模仿的美丽经济。美丽经济是一种新型经济发展模式,在其发展过程中,需要我们不断进行尝试创新。这些创新主要体现在:经营主体、经营模式、经营策略等方面。

（一）经营主体创新

从经营主体看，现在中国有 2.3 亿户农户，户均经营规模 7.8 亩，经营耕地 10 亩以下的农户有 2.1 亿户，人均一亩三分地，户均不过十亩。[①] 经营主体以家庭作坊、小农户为主，同时，受人口流动的影响，目前农业从业者的经营能力、资金能力都无法承接现代技术引领的产业融合发展，因此，经营主体创新成为必然。农业领域的美丽经济主要是在挖掘生态资产、文化资产的基础上，围绕生态打造一条三产融合的产业链，将农业、生态、文化、旅游等资源融合在一起，打造美丽经济产业链。

第一，建立公司制企业。鼓励农民以土地入股，将土地集中起来形成规模经济的同时，将分散的农民组织起来，形成市场化组织，参与市场经济活动。作为市场组织，在获得规模经济效应的同时，也能提升其应对市场风险的能力。另外，成立公司制企业之后，就可以运用市场资本、技术和经营方式，参与到更广阔的市场活动中。

第二，成立农民合作社。鼓励成立农民合作社，将拥有不同技能的农民集中在一起，发挥各自优势，作出相对科学的集体决策。以合作社为单位，发展规模经济和范围经济，与上下游企业合作，发展美丽经济。

第三，发展家庭农场。鼓励家庭农场发展，通过农家乐、果蔬采摘等方式，发展小规模周末休闲游，提高农户家庭收入的同时，促进美丽经济的发展。

---

① 娄向鹏、郝北海：《品牌农业》，中国发展出版社 2021 年版，第 16 页。

（二）经营模式创新

从经营模式看，单个农民不一定拥有足够的经营能力，通过经营主体的创新，组织成不同的市场经营主体，可以更好地参与市场竞争。在参与市场竞争过程中，也要结合市场趋势，不断创新经营模式。

第一，以家庭农场为基础，构建虚拟企业，通过信息共享，形成合理分工的协作体系。比如，某果蔬采摘园承接了某批消费者来进行果蔬采摘，按照消费者的要求，要提供专车接送、午餐服务，那么，采摘园可以通过信息共享，联系附近车辆提供接送服务，联系附近餐饮企业提供午餐服务，通过三者的协作分工，为消费者共同提供了满意的服务。

第二，以农民合作社为基础，将自身不擅长的非核心业务转包出去，集中有限资源着力培养核心能力，降低交易费用的同时，提升自身的专业化水平。比如，发展生态康养的农民合作社，合作社的核心业务是为消费者打造生态宜居的休闲养生环境，而配套的医疗服务，应通过服务外包的方式交给更为专业的群体来提供，既能够为消费者提供专业服务，又能够节省自身的精力专心打造更好的养生环境。

第三，以公司制企业为基础，打造美丽经济战略联盟。将农业度假、餐饮、科教、会展等多种功能汇集在一起，通过资源互补、融通，构建利益共享、分工协作的战略联盟。比如，休闲度假区依托自身资源，联合相关企业，挖掘大客户资源，开展企业年会、农产品展销会、中小学社会实践等活动，以此形成战略联盟，满足多样化的市场需求，促进美丽经济的发展。

（三）经营策略创新

从经营策略看，为适应多样化的市场需求，需要进行多样化的经营策略创新。美丽经济是传统农业与旅游业的融合，为了适应多样化的市场需求，也可以尝试将农业与工业、商业进行融合。

第一，培育特色美丽经济。特色是打破同质化竞争的关键，也是凸显企业个性的核心。乡村美丽经济的特色就是自然生态，辅之当地特有历史文化和特色农产品，就可以形成生产、生活、生态相融的核心资源。以体验旅游为主体，多渠道向客户展示企业的核心资源，提高消费者满意度，进而扩大市场，打造企业品牌。比如，长白山作为国家级旅游景区，每年接待大量来自海内外的游客。长白山地区除了良好的生态旅游景观外，还是满族、朝鲜族等少数民族的集聚区。这些保留了很多传统民族风情的村落小镇，可以为游客提供不一样的异域风情。这些异域风情既可以通过民宿、娱乐活动参与体验，也可以通过民俗文化纪念品创新进行宣传。同时，当地的特色农产品也可以通过游客品尝得以销售。整个过程中，旅游业带动了当地的农业、商业以及农产品加工业的发展。相关企业可以通过彼此之间的协作，打造区域品牌，形成合力，不断扩大市场知名度，促进美丽经济发展。

第二，做大龙头企业。龙头企业是产业化发展的关键。在中国，乡村的美丽经济发展历程相对较短，企业规模相对较小，龙头企业薄弱。比如，目前长白山旅游股份有限公司是东北地区第一家旅游上市公司，目前主营业务为旅游服务业，包括旅游客运、旅行社、温泉水开发与利用及原油零售业务，其核心业务是旅游客运。从其业务范围看，相对较窄，地方政府可以依托其成熟业务，延伸产业链条,提升区域旅游的综合竞争力。

第三,吸引国内知名企业加入。在当地经济缺少龙头企业引领的情况下,可以吸引国内知名企业加入。比如,长白山地区挖掘滑雪旅游项目,引进万科集团入驻投资开发冰雪资源,为传统的旅游淡季开发了新的旅游项目。同时,利用知名企业的品牌效应,推动长白山景区的进一步发展。

四、坚持产业化发展,发展乡村新型服务业

数字农业建立在农业适度规模经营基础之上。在中国人均土地面积偏小的基本国情下,国家强调通过土地流转实现规模化。由于中国农民的土地情节非常重,很多农民虽然离开土地进入城市谋生,但是他们并没有放弃土地,而是将土地外包。所以,一些地区通过"土地股份合作社+农业职业经理人+新型农业综合服务"的经营模式在农业适度规模化方面取得了一些成功的实践。归纳这些成功的经验发现:新型农业综合服务是农业现代化的基础。因此,数字农业的高质量发展必须要有相应的乡村服务业相配套。

(一)提升生产性服务业

数字农业的基础是数字互联、信息互联,企业积极入驻政府牵头搭建的数字农业信息平台,通过平台获得更多的实时信息,围绕自己的上下游企业,形成农业生产性服务业集聚区,拓展数字农业综合服务业的市场发展规模,从而获得规模化发展壮大。因此,应以农资供应服务、农业作业服务、农产品购销服务和农村电商服务、农业信息化服务、科技服务等为重点,培育数字农业综合服务经济。

第一，农资供应服务是农业生产的基础环节，其服务水平和所提供产品的质量，关系后续生产环节的质量问题。因此，在种子选购、农资销售及配送等服务环节，应借助基本的信息技术收集一手数据，同时，向农户宣传绿色种植理念，普及基本的互联网知识，传递市场健康、绿色饮食变化趋势，鼓励农户按需生产，绿色种养，借助互联网参与订单式生产，从基础环节逐渐形成数字化、绿色化的农业生产理念。

第二，农业作业服务、科技服务等环节属于农业生产的产中服务。农业作业服务涵盖环节较多，包括农机、农技服务、农业托管服务、防虫减灾服务等。其中，农机、农技服务是农业作业服务的关键环节。随着中国制造业的快速发展，农机装备的数字化趋势越发明显，与之相配套的农技服务也呈现数字化的发展趋势，这是一些知识储备不足的农业经营者所欠缺的地方，也是市场发展的机会。大力发展农业作业服务、科技服务，可以加速数字农业高质量发展的进程。

第三，农产品购销服务、农村电商服务、农业信息化服务是打通产销"滞点"的关键。通过数字化管理，拓展农产品购销服务，让农民购买到放心农资的同时，生产出高质量的农产品，促进农民增收。通过信息化管理平台，推进农村电子商务、生鲜产品物流体系的完善，提升生产性服务业的服务水平，形成网络化、数字化发展的格局。

（二）拓展生活性服务业

乡村生活性服务业一方面面对的是当地居民日常消费等生存型服务需求，另一方面面对的是乡旅发展后的生态康养、文化体验等享受型服务需要。在拓展生活性服务业时，要立足生存型服务需求,结合本区域产业融合状况,发展配套的享受型生活服务。

第一,随着农民收入的增加,当地居民的日常消费也逐渐从生存型服务需求转向享受型服务需求,因此,拓展生活性服务业对满足居民日益多样化的生活消费、提升生活质量,具有重要意义。另外,农村电子商务和物流体系完善之后,当地居民一方面有更多的渠道销售自家农产品,获得更多的收入,另一方面,也会通过互联网购买自己感兴趣的商品,通过双向物流,进一步拓展农村的电子商务和物流体系。

第二,随着乡旅产业的发展,乡村旅游、生态康养、农耕文化体验等业态逐渐崛起,对乡村生活性服务的要求会越来越高、范围越来越广。为此,需要借助信息技术为市场提供更为科学的技术支持和高效的管理,以期加快乡村生活性服务业的发展,加速三产融合,促进数字农业高质量发展。

(三)综合性公共服务业

综合性公共服务业是数字农业发展的基础。乡村信息网络基础设施、水、电、路、农产品冷链物流设施等硬件设施,以及社会保障、医疗卫生、文化教育、应急管理等软性服务的发展状况,将直接影响数字农业发展的质量和速度。因此,综合性公共服务业的发展是数字农业高质量发展的基础。

第一,加快完善乡村基础设施,推进信息进村入户工程。目前,中国城乡之间的数字鸿沟依然较大,城镇地区互联网普及率为76.4%,农村地区互联网普及率为52.3%。[1] 因此,在产业融合过

---

[1] 李聪:《数字技术赋能旅游业加速变革》,《经济参考报》2020年12月2日。

程中,首先要消除数字鸿沟,加快完善乡村基础设施的建设,为数字技术赋能乡村服务业提供技术支撑。

第二,改善乡村服务环境,优化人居环境。多年以来形成的城乡差距需要我们加大力度去添补,借助乡旅产业发展的机遇,发展生态康养、乡村旅游的同时,优化乡村人居环境、提升乡村服务质量和水平,实现良性循环发展。

第六节　创建数字农业产业学院,育出高质量

数字农业是运用现代化技术手段升级传统农业的生产经营方式,重塑传统农业的新型发展模式。传统农业的生产方式落后,对人才的需求不高,改革开放以来,大量农业青壮年劳动力离开农村,进入城市谋生,农村剩余劳动力的知识结构相对偏低,只能依靠他们所拥有的落后农耕技能从事生产,没有能力操作先进农业机械设备,对新媒体的运用也懵懵懂懂,无法应用现代化技术手段进行数字化农业生产。因此,培养能够熟练掌握并运用现代化装备和新媒体的应用型复合人才,对数字农业高质量至关重要。近年来,中国的人口红利在下降,但是,随着高校扩招,积攒了较为丰厚的人才红利,中国的工程师比例已经达到千分之一的比例,这个比例已经超过中国目前的经济发展水平,这种规模的人才红利也让中国成为世界制造大国。当然,中国只是制造大国而非制造强国,各个行业高端技术研发能力还有待提升,农业领域更是如此。从人力资本的角度看,人才有存量和增量。接下来主要从增量的角度讨论如何培养数字农业高质量发展所需的应用型复合人才,

解决人才结构性缺口问题;对于存量部分将在实施保障体系部分探讨如何实施人才保障问题。

中国现有的教育体系已经全球最大,但是人才结构性问题较为突出,即如何将普通职业人才培养升级成为中高级的复合型人才。数字农业发展本身就是多学科交叉的新型农业发展模式,传统教育的知识结构已经难以顺利对接数字农业技术需求,数字农业的建设与发展需要更多高素质人才的支撑。为此,可以通过校企合作创建"数字农业产业学院",采取定制化人才培养方式,开设涉农技术、涉农物联网、涉农电商、涉农数据分析、涉农政策研究等专业,培养知识型、技能型、创新型数字农业应用人才。通过实际调查,充分了解培训需求,根据不同培训对象,设计不同培训内容,采取多种培训方式,构建多元化培训体系。实施新型农业主体提升工程,优化农业从业者结构,加快建设知识型、技能型、创新型农业经营者队伍,培育规范化农民合作社、骨干农业龙头企业、示范性家庭农场和示范性专业化市场化服务组织,形成数字农业高质量发展的人才梯队。

一、培养数字农业生产经营型人才

数字农业是现代农业的发展趋势,人才是助力数字农业高质量发展的中坚力量。创建数字农业产业学院就是要培养一批爱农业、懂农业、有技术、会管理、善运营的数字农业发展所需的复合型人才。从生产环节看,数字农业离不开现代农业装备,自动控制技术、信息技术的发展使得农业装备的数字化水平越来越高。如激光平地机越来越多地应用在土地平整作业环节;带有北斗导航系统的插秧机作业效率更高,作业质量更好;植保无人机可实现作业路径的自主规划,一键操作轻松完成植保作业。① 这些现代农业装备无疑需要专业人才来进行操作。目前,中国缺少复合型农业生产经营人才,传统农业院校沿袭传统教学计划,培养了各类单一专业型人才。即便如此,这些农业院校的毕业生受多种因素的影响,毕业后真正从事农业生产经营的比例较低,因此,加快培养数字农业发展所需的高技能人才势在必行。

创建数字农业产业学院的目的就是培养数字农业高质量发展所需的复合型人才。就生产经营型人才的培养问题看,首先,从农业院校的教师角度看,需要现有农业院校教师提高自身的岗位能力,提升自己所在学科与先进数字技术的融合能力,改变传统的教学理念,带领学生深入田间地头的同时,与创新型企业合作,通过科研项目提升自身业务能力的同时,夯实学生的应用技能水平。其次,从农业院校的管理角度看,应及时调整专业设置,放弃传统的教学培养模式,特别是职业技术类院校应增加实践教学模块的教学时间,在学生原有专业学习的基础上,规定学生必须根据自己兴趣爱好跨专业选择相关的专业选修课,同时,鼓励学生积极参加大学生创业创新大赛、教师科研项目等,通过深层面的实训提升自身的综合实力。最后,从农业生产企业角度看,企业通过与农业院校合作,一是可以及时了解本领域的学术前沿信息,提前预判行业发展趋势;二是可以通过校企合作突破技术瓶颈,提升企业研发创新能力;三是在合作过程中,提早从校园阶段开始筛选人才,重点培养企业感兴趣的学生,鼓励其毕业后到本企业工作,作为企业骨干人才进行培养,形成企业人才梯队。

---

① 高菊玲、刘永华、赵梦龙、谭闯:《乡村振兴背景下农业装备应用技术专业人才培养模式的转型方向和路径探索》,《中国农业教育》2020年第4期。

二、培养数字农业产业融合型人才

中国农业长期以来的家庭小规模生产方式已经无法满足日益多样化的消费需求,供给与需求之间的脱节,使得农业产业中的各节点无法发挥协同效应,制约产业竞争力提升的同时,也影响了城镇化的良性发展。为此,国家在2015年的中央"一号文件"中提出农村三产融合发展。三产融合通过先进技术与传统农业的融合实现"1+1>2"的目标,使供给能够匹配需求,同时,通过合作互补、政策引导使传统的条状农业产业链形成纵向延长、横向拓宽的块状产业链,促进农业的高质量发展。在三产融合中,信息化技术是促进产业融合的重要动力,以信息资源、信息技术和信息平台为核心的信息流改变了传统农业与其他产业之间的联结方式,成为引领产业融合的技术因素。因此,以信息化技术为核心的数字农业是实现农村三产融合的重要途径之一。产业融合后形成的块状产业链,拓展了农业的获利空间,对农业从业者的要求也有所提升,培养数字农业产业融合型人才成为必然。

数字农业本身就是产业融合的产物,它将传统农业与先进装备制造业和信息产业融合在一起,形成一个全新的农业发展模式。随着产业融合的推进,数字农业还扩展到服务业,这就对行业从业者提出了更高的要求。目前,行业内有一批新农人成为乡村振兴的推动者,他们中有返乡创业的大学生、都市白领、各路微商以及科研人员等来自社会不同领域的创业者,他们用自己已经具备的知识储备参与到产业融合的广阔空间,成为农村的新细胞。但是,从长远发展看,数字农业还会和不同行业进行深度融合,大数据可以通过技术、服务、产品、营销、体验、管理和设施来重塑整个产业链条,需要更多具备多领域专业知识储备的产业融合型人才。为此,数字农业产业学院应结合目前产业融合的发展趋势,因地制宜,结合区域数字农业发展的优势资源,培养产业融合型人才。首先,选择重点领域,挑选相关专业的学生和教师到成功地区或示范园区进行培训,带回先进理念,结合本区域实际情况组织研讨,探索本区域的发展路径。其次,定期不定期邀请行业内的专家、学者、企业代表等专业人士到学院开展专业讲座和政策法规报告,了解政策形势,掌握行业变化,更新专业知识。最后,建立人才信息库,对已毕业且留在农业领域工作的学生提供继续教育服务。

三、培养数字农业服务经营型人才

数字农业是对传统农业各领域的全流程实施数字化管理。这种数字化管理不仅在传统的农业领域进行,还涉及与其相关的生产、科研、流通、政府管理、教育及各类中介服务等部门。这些领域现有的专业人才,多是单一型专业人才,也就是说,只对自身的业务领域知识有充足的积累,但并不能掌握一定的农业相关知识,导致很难实施有效管理。从现有的领域中选拔人才进行相关培训只能解决短期面临的问题,从长期来看,需要从职业教育阶段、大学阶段入手,形成梯队式人才培养模式。目前,从2019年印发的《国家职业教育改革实施方案》看,国家提倡企业和社会力量举办高质量的职业教育。也就是说,一方面,企业可以直接开办职业学校,另一方面,企业可以通过产教融合的模式培养自身所需的复合型专业人才。事实上,产教融合已经在一些地区的制造业领域开展了成功的实践。比如,重庆的永川有一个整车生产基地,它与永川职业教育中心合作,每年进行定制化的培训,招收的学生按照准员工进行培养和训练;华为也在永川开办了一所职业教育学校,专门培养企业所需人才。同时,随着数字农业产业链条的块状化发展,各种新型业态不断涌现,打造产业一体化的经营服务成为必然,因此,创建数字农业产业学院,培养专业的数字农业服务经营型人才是数字农业高质量发展的途径之一。

数字农业服务经营型人才相对于其他类型的人才而言,培养方式更为多样。服务型人才对农业领域的相关知识要求标准不高,一方面,可以通过短期培训及继续教育完成此类人才的培养;另一方面,在农业经济管理等高校的专业培养计划中,适当增加农业领域的相关课程,并组织学生在田间地头参加实习,广泛了解农业生产经营在日常生活工作中的瓶颈问题,针对性地提出解决办法的同时,提高自身的知识水平。同时,高等农业院校的多学科教学优势,可以通过调整教学要求和教学计划,引导学生参与相关的科研项目,专门培养综合性的数字农业服务经营型人才。

四、培养数字农业科技创新型人才

数字农业的一个显著特点是综合性强。数字农业高质量发展需要多学科、多层次的专业知识体系共同努力实现相关创新。随着全社会数字化进程的加快,信息技术渗透到了各行各业,几乎所有行业都要借助信息技术实现本行业的创新。事实上,数字农业是由于信息技术的不断创新,带动了传统农业创新而出现的新型农业发展模式。因此,要想进一步发展这种模式,势必要保持这种持续的创新能力,特别是要夯实发展初期的技术创新基础。在数字农业发展的早期阶段,各传统农业生产环节都要逐渐接受并实现与信息技术的融合创新,没有现成的模式套用,没有完备的人才储备做支撑,因此,实现数字农业高质量发展,首先要培养数字农业科技创新型人才。

　　只要能够让农民看到技术创新能够实实在在地给其带来经济效益，那么农民在未来一段时间就会调整自己的适应性，接受并主动学习这种创新。因此，短期内要提升数字农业的创新能力，当农民看到创新带来的收益增加后，会自发通过日常的生产经营延续这种创新，形成数字农业创新周期的从属波。因此，数字农业产业学院应从夯实创新基础的层面考虑培育数字农业科技创新型人才。首先，结合本区域的农业资源优势情况，通过多学科交叉、科研项目等方式，提高信息工程专业的学生对农田监测、病虫害预防等能力，鼓励其创新研发有关数据存储、食品安全溯源、农产品物流仓储、销售等相关软件，搭建局域网，既可以提升学生的动手操作能力，又可以解决社会实际问题，并在此创新过程中，通过利益机制引导学生扎根农业，留住人才；同样，对机械类专业的学生，也要增加其信息技术领域的相关知识，对现有农机装备进行数字化创新。其次，加强校企合作，与企业进行积极沟通，了解目前的企业技术瓶颈，通过技术攻关，进行基础环节和关键环节的创新，提高创新适用范围的同时提升科研人员的业务水平，培养学生的创新能力。

第六章　数字农业高质量发展的外部保障措施

在农业现代化与信息化的历史交汇期,作为现代农业重要标志的数字农业,为古老的中国农业带来一次历史性的变革。随着国家各种农业利好政策的出台,各类市场主体都热情高涨,积极推动数字农业的发展。但是,为避免市场的盲目性和信息不对称性带来的效率损失,政府有责任为数字农业高质量发展提供必要的外部保障。

第一节　构建组织保障体系

由于农业在国民经济中的特殊地位,历届政府对农业发展都极为关注,在数字农业高质量发展进程中,同样需要政府的引导和统筹协调。

一、成立专门的管理机构

数字农业建设是一项浩大工程,需要协调农业、制造业和服务业等领域中的诸多产业,因此,需要政府提前规划引导和政策宏观指导,以避免重复建设导致的资源浪费和部门间信息壁垒导致的效率损失。为更好地落实数字农业发展战略,应组建一支由农业农村部牵头,工业和信息化部、中国气象局、商务部、国家市场监督管理总局等相关部门组成的专业管理机构,为数字农业领域问题提供具体的解决方案,共同商讨并制定相关的落实政策,打破部门间的信息屏障,整合各方资源,将数字农业建设纳入各省、市政府绩效管理考评内容中,提高地方政府发展数字农业的积极性,确保相关农业政策的连续性和持久性。同时,通过建立数字农业联席会议制度,统一领导和协调数字农业建设工作。重大事项由联席会议讨论决定,有关部门在各自职能范围内分工协作。

在国家数字农业战略和发展规划下,规划设计符合各地区实际情况的发展战略。坚持科学论证、统筹规划、循序渐进、以点带面的原则,以国家相关技术标准为基础,将现有的"三农"服务平台升级改造成数字农业云平台。按照平台发展的实际情况,结合相关技术的发展情况,规划完善平台建设,不断丰富网络节点,最终打造内容丰富的数字农业基础服务体系。同时,省级财政安排专项资金,对数字农业基础设施建设、落实规划的项目建设及认证工程建设等予以支持。

二、组建行业协会发挥其协调作用

农业行业组织,是指在坚持自愿的基础上,以市场为导向,从事农产品生产、加工、贸易等经济活动的农户或企业,围绕某一产业、产品和区域建立起来的,实行社团法人、行业自律、自主决策、民主管理的非营利性的中介组织,是农民专业合作经济组织和区域性农业行业组织的统称。[①] 行业协会虽然是一种民间组织,但是它的集中性、专业性使它成为政府与具体农户或企业之间联系沟通的中介性组织。集中性体现在行业协会成员都是从事某一具体产业或生产同类产品的企业,以少聚多形成的共同需求具有一定的共性,可以反映这个群体的总体情况;专业性体现在协会成员彼此在同一领域中有共同的专业技能,关注这一领域中的各类相关信息,谋求专业技能的提升;中介性体现在协会可以代表其成员就共同关注的专业问题,与地方政府进行协商,节约交易成本;反之,当政府需要对某一领域进行深入了解时,可以先通过协会掌握初步情况,同样可以节约交易成本,因此,行业协会成为政府与农户或农企之间的连接纽带。

加强农业产业协会、供销农业生产合作协会、农业信息与技术服务协会、农业电子商务协会等有关专业协会和行业协会建设,发挥其在制定农产品区域品牌发展规划、建立农产品区域品牌标准体系、开展技术服务等方面的组织协调作用,为企业提供技术支持、法律服务、信息咨询、人才培训、融资担保、资产评估、打假维权、产权交易、会计审计等服务。成立"农产品区域品牌建设促进会",整合资源,开展标准制定、示范推广、认证实施、人才培养等工作,打造以宣传、交流、合作、提升和融资为目的的农产品区域品牌信息服务平台,营造品牌农业建设的良好氛围,培育和孵化一批有潜质的企业。

三、鼓励试点省份发挥示范作用

中国各省份农业资源禀赋差距较大,数字农业在各省的发展

---

① 杨艳:《农业行业组织在农产品区域公用品牌不同发展阶段中的角色分析》,《青岛农业大学学报(社会科学版)》2017 年第 4 期。

呈现不同的特色,因此,应鼓励各省结合本省农业资源实际情况,围绕特色产业,发展特色化的数字农业,并对周围区域形成示范效应。比如:北京市拥有诸多领域的国家级科研院所,技术研发能力较强,在数字农业领域的技术研发取得了较好的成绩,其技术成果在新疆维吾尔自治区、河南省等地进行了推广应用。可以看出,北京市的优势是技术研发,那么在数字农业高质量发展过程中,应充分发挥其技术研发优势,在北京市周边先小范围试用,取得阶段性成果后,可以到其他省份以技术入股的形式进行合作推广,形成数字农业的技术研发示范区。再如,新疆维吾尔自治区、黑龙江省、吉林省等地,具备大田作业的资源优势,就应主动到制造业相对发达的长三角地区寻找企业进行合作开发数字化的农业机械,通过市场化合作方式,形成数字农业的数字化应用示范区。同样,浙江省凭借其数字经济发展优势,打造数字化管理平台,在农业生产信息化、农业经营信息化发展方面取得了突出成绩,形成数字农业的管理示范区。

结合已有的成功实践,地方政府应提炼其好经验好做法,逐渐向周围区域推广,充分发挥头雁的引领、示范作用。各地区结合本地区的农业资源禀赋情况,参照借鉴成功经验,发展特色化的数字农业,从而促进数字农业高质量发展。

第二节　完善制度保障体系

一、健全知识产权保护制度

知识产权保护是促进数字农业高质量发展的关键环节。从技术创新的专利保护角度看,中国在知识产权保护方面的法律法规还有待进一步完善。只有完善的法律环境,才能更好地保护相关利益者的利益,进而激发数字农业产业链上下游企业协同创新的积极性。

(一)完善专利法

中国为适应市场经济改革,于 1985 年 4 月 1 日起正式落实实施《中华人民共和国专利法》,并于 1992 年进行了第一次修改、2000 年进行了第二次修改、2008 年进行了第三次修改、2020 年进行了第四次修改。经过几次修改后,2021 年 6 月 1 日起正式实施的《中华人民共和国专利法》体系相对健全,但是,受技术创新周期缩短、新型商业模式出现等因素影响,我们需要制定具体的知识产权保护落实方案。

现代市场竞争的实质是技术与人才的竞争。而技术的竞争,归根结底反映在技术创新的知识产权问题上。知识产权法律法规保护了技术创新者能够在市场上通过公平竞争的方式,获得其合理收益。专利技术的申请、审批、实施等各个环节都需要通过法律的形式给予保护,并对侵权行为依法给予惩处。目前,中国每年申请的专利数量急剧增长,传统的申报流程时间成本较高,为适应技术创新周期缩短的实际情况,政府应及时调整申报流程,缩短申报周期,优化审批程序,节省双方的时间成本。同时,增加对专利实施问题的相关保护,除目前的强制实施许可外,应适当增加专利实施过程中对专利申请人权益的保护,进而鼓励更多的人进行创新;另外,还应增加专利市场化领域的立法规定,确保产学研合作过程中的利益分配有法可依。

（二）提高知识产权法律监管力度

2017年7月17日，习近平总书记在中央财经领导小组第十六次会议上指出："产权保护特别是知识产权保护是塑造良好营商环境的重要方面。要完善知识产权保护相关法律法规，提高知识产权审查质量和审查效率。要加快新兴领域和业态知识产权保护制度建设。要加大知识产权侵权违法行为惩治力度，让侵权者付出沉重代价。要调动拥有知识产权的自然人和法人的积极性和主动性，提升产权意识，自觉运用法律武器依法维权。"[1]最高法院周强院长在传达贯彻习近平总书记重要讲话精神时指出："要加强产权司法保护，特别是加大知识产权司法保护力度，充分发挥知识产权法院的示范、引领作用，完善审判工作体制机制，健全制度体系，不断提高知识产权司法保护的整体效能。"[2]

结合中国2018年的政府机构改革，新组建的国家市场监督管理总局整合了商标专利的登记注册管理职能和执法职能，并组建了市场监管综合执法机构，解决了过去的多头管理、政出多门、相互推责的窘境。政府机构改革之后，通过提高知识产权的法律监管力度，为提升制造企业的品牌竞争力营造良好的法律环境。

1.组建综合执法队伍

中国传统的市场监管体系受计划经济的影响，无法适应市场经济要求，在知识产权领域商标和专利分属不同部门监管，职能重叠，多头管理，信息不通畅，管理成本较高，管理效率偏低，使得政

---

① 习近平：《营造稳定公平透明的营商环境　加快建设开放型经济新体制》，央视网，2017年7月17日。

② 宿迟：《加大知识产权司法保护力度——将习近平总书记讲话精神落实到知识产权司法审判实务中》，《中国发明与专利》2018年第9期。

府的执法程序和能力备受争议,也制约了市场经济的有序发展。为此,国家于2018年进行了较大范围的政府机构改革,整合工商、质检、商标、专利、物价等传统执法部门,组建一支能够确保市场监管的综合执法队伍,解决政出多门、多头管理等问题。对于新成立的综合执法队伍,要建立人才引进机制、制度约束机制、激励奖惩机制规范其执法行为。根据监管范围的变化引进相关人才,对执法队伍进行岗前培训、资格审查;建立标准化的执法标准,规范执法人员的职能范围,规划明确的责权范围;建立执法队伍的奖惩办法,激励执法人员结合办案的实际情况,鼓励制度创新,进而加强基层执法队伍的执法能力,逐步培养业务能力突出的市场监管队伍。

2. 提升执法监管水平

随着互联网技术的深度普及,庞杂的各类信息以较低的成本扩散出去,技术侵权违法手段越发隐蔽,使传统的市场监管难度加大。而制造业领域,特别是高新技术领域和战略性新兴产业中的知识产权研发投入巨大、风险较高,如果研发成果无法获得相应保护,技术优势无法形成企业的竞争力,甚至无法收回研发投入,这将严重制约企业的技术创新积极性。为此,在组建综合执法队伍过程中,应着力提升其执法监管水平,适应技术发展趋势,将互联网技术应用到日常执法监督工作中,通过大数据收集违法线索,提高预警能力,培养执法队伍的线上、线下执法能力,加强执法队伍的多领域、多层面的业务培训,提高执法队伍的业务素质。

3. 搭建执法联动平台

随着办公自动化的普及,市场监管工作也应全面建立办公自动化平台,打破不同部门之间的信息孤岛。通过搭建执法联动平台,规范原来分散管理时期的规章制度,建立统一的市场监管综合执法制度体系;完善商标法、专利法,提高知识产权审查质量,统一执法标准,从源头上减少恶意注册商标、抢注商标,以及垃圾专利的授权;加强对各类信息的整合力度,做好信息分类、整合,形成综合执法合力;建立行政执法与公检法系统的合作机制,对市场监管综合执法过程中涉及的违法犯罪行为,及时按照相关规定,移送司法机关,惩戒违法侵权行为;建立跨区域联合执法制度,消除市场监管的空白地带,对侵权商品进行全产业链的执法,解决执法碎片化问题。

(三)加强普法宣传

中国企业主要是在市场经济制度尚不完善的背景下发展起来的,受诸多因素影响,企业对知识产权重要性的认识程度较低,知识产权保护意识较为薄弱,政府对知识产权保护的制度也不完善,社会化的知识产权服务体系缺乏,使得中国企业的技术创新研发积极性较弱。随着全球化的深入推进,知识产权保护将越发严格,中国企业要在国际市场占有一席之地,必须注重知识产权保护的相关问题,而中国政府也应加强相关普法宣传。

1.建立专门的行业协会

数字农业涉及众多行业,企业间的知识产权问题有一定的关联性,由单个企业在内部建立独立的知识产权管理部门,会增加企业的管理成本,因此,建立一个专门的行业协会,协会内的各个成员企业将企业自身的知识产权问题交给更大的平台进行协调管理,一方面,会减少单个企业的管理成本,另一方面,通过行业协会的信息综合,可以及时发现问题、解决问题,提高整个行业在知识产权方面的团队协作能力。另外,行业协会在知识产权协调管理过程中,可以充分发挥协会的平台作用,大力宣传知识产权方面的相关信息,提高协会成员企业的知识产权保护意识,鼓励更多的协同创新。

2. 发展专业的知识产权服务中介

知识产权管理对于企业而言,是一个从产品、技术研发到制度规范、员工培训及战略制定的系统工程,并非简单建立一个部门就可以完成的工作,需要上下配合、全员参与,因此,对企业而言,建立这样的知识产权管理系统成本过高,短期来看难以实现,但从长期来看有一定的必要性。我们认为,应由政府引导发展专业的知识产权服务中介机构。全球化的不断深入,社会分工越来越细化,发展知识产权服务中介符合国家鼓励发展生产型服务业的政策要求,是促进专业化经营的重要举措。在知识产权服务中介体系尚未建立的地区,需要地方政府制定相关政策引导,扶持相关服务性机构逐步走入正轨,为当地的企业提供相应的服务。

3. 多渠道开展知识产权普法宣传活动

互联网时代,信息传播渠道多样化、传播方式多元化、传播成本低廉化。在这种背景下,知识产权的普法宣传可以通过更多的渠道开展。由于中国在知识产权保护方面的各种制度环境并不完善,企业不仅面临侵权和被侵权的问题,同时,由于企业层面对知识产权保护的相关知识不系统规范,一些企业在申请专利过程中,过于盲目、缺少长远性,出现一些无效专利,既增加了企业的成本,又浪费了资源。因此,政府应借助互联网、自媒体、传统媒体等多种渠道对知识产权保护的相关问题进行专业的普法宣传;工商、质检等部门在与制造企业开展相应业务活动的过程中,也应加强对知识产权保护的宣传工作,鼓励企业运用法律武器保护自身的知识产权,提升企业自身的技术竞争力和品牌竞争力。

二、落实政策激励制度创新

数字经济时代,数字技术为中国的乡村振兴战略实施提供了新思路。中国土地面积辽阔、地形多样,农业空间异质性特征突出,数字技术可以为农业经营主体提供天地协同观测数据,实现对农情信息的实时数据监测与管理,通过对这些数据的开发应用,对数字农业关键技术与装备进行协同创新,实现数字农业高质量发展。但是,在这个过程中,研发投入巨大,不确定性高,投资回报周期长,需要政府的政策激励。

(一)财政税收政策

一方面,政府应加大技术创新补贴力度。由于技术研发、设备更新的投入成本较高,很多企业难以承担,需要政府提供专项资金进行支持。技术创新专项资金应使用到基础性技术、共性技术以及核心技术研发及推广等领域,并建立完善的评估监管机制,对资金的使用效果进行评价监督。同时,针对技术创新发展的不同阶段,采取多样性的财政补贴引导制造企业主动进行技术创新。例如,对技术创新、研发提供投资补贴,鼓励制造企业进行技术研发;对创新性产品实施价格补贴,从而鼓励涉农企业进行技术研发创新;对农机设施更新投入提供运营补贴,鼓励企业进行升级换代。

另一方面,政府应完善税收优惠政策。在企业所得税方面,应对投资技术创新的投资者给予投资退税,鼓励投资者投资技术研发创新;对取得突破性技术创新进展的农业经营主体减免部分所得税,调动其技术创新的积极性;对投资购买新型农机设备的农业经营主体实施部分税额抵免,鼓励其进行设备升级。在增值税方面,应对外购专利技术、与其他企业进行技术合作的农业经营主体进行增值税抵免。另外,对农业经营主体进行的技术培训、技术研发、工艺创新等各项投入应给予税前扣除。

(二)创新融资政策

数字农业高质量发展需要大量资金进行跨界技术创新和农机设备更新,而企业的资金来源主要是银行信贷。由于技术研发创新的风险较高,对于追求稳定性的商业银行不愿意为处于研发探索期的企业提供商业信贷,使得企业对技术研发、配套设备更新的积极性不高,因此,政府应在企业与商业银行间搭建一个降低风险的渠道,以政府提供担保的形式为农机装备企业提供融资帮助。同时,政府应引导商业银行在对农机装备企业提供信贷服务的过程中,将企业的技术研发、工艺创新、产品创新等方面的指标纳入企业信贷风险评估体系中,引导市场资金流向技术创新领域。

另外,由于技术创新的根本保障是资金,而创新具有高风险性,与商业银行的经营原则存在一定的矛盾,单纯依赖商业银行的信贷支持难以为继。因此,政府应积极为数字农业发展搭建技术创新融资平台,鼓励各领域企业参与到资本市场乃至国际金融市场交易中,从更广的范围内获得融资。在国内资本市场上,政府应为实施技术创新的涉农企业开辟"绿色通道",对符合条件的企业在债市和股市融资时提供一定的政策扶持。在国际金融市场上,由于境内缺乏完善的为技术创新提供融资服务的中介机构,使中国的一些中小型涉农企业很难通过资本市场获得技术创新的融资,因此,政府应结合中国企业的实际情况,扶持相关的金融机构,为企业的技术创新提供融资服务,并引导建立完善的技术创新融资服务平台,发展多样化、多元化的技术创新融资服务,为涉农企业的技术创新提供资金保障。

政府在促进技术创新发展时,应改进政府支持技术创新的模式,提高科技创新投入的政策透明度,通过设立专项基金对涉农企业的技术创新给予相应的政策补贴;同时,通过建立风险投资基金,对高风险的技术创新采取风险共担的方式,减少企业进行技术创新的顾虑。在信息与人才服务方面,科技管理部门组织构建有关技术创新的信息中心,收集整理世界领先的相关技术创新的各种前沿最新信息,并通过信息中心免费向社会发布;技术信息中心也应借助互联网技术,帮助涉农企业通过合作创新提高其产品、工艺的技术优势,凭借技术创新促进数字农业高质量发展。

(三)科技扶持政策

由于技术创新具有较强的外溢性,特别是基础性相关研究的外溢性更强,因此,追求自身利益最大化的企业自主进行技术创新的积极性并不高,这就需要政府介入引导。其中,基础性的技术研发创新因其市场化程度低、社会效益广、投资风险高等特征,市场机制无力调节其供给,需要依赖政府的扶持。因此,政府应将技术创新的领域进行前期界定,对外部性较强的领域,如种业安全、基础性技术研发、共性技术研发创新等领域由政府投资、融资,加大资金扶持力度,搭建国家公共技术创新服务平台,借助互联网技术,实现联合创新,并整合整个产业链的各个环节,以技术创新为基石打造数字农业产业生态。

从科技扶持政策上看,地方政府应结合本地区的数字农业资源禀赋情况,从政策环境、市场环境和法制环境等方面营造一个适宜的创新环境,为数字农业高质量发展夯实基础。从政策环境看,政府应落实国家简政放权改革制度,减少信息沟通障碍,降低企业的政策性经营成本,为各类企业提供公平的经营环境,公正执法,避免行政性干预行为,转变治理模式,建立适应新形势、新技术、新业态的市场监管模式,强化政府与市场的协调监管;从市场环境看,政府应建立完善的技术标准评估体系、农产品溯源体系和相应的质量检测体系,以标准促进整个产业链的技术创新,为各类企业提供参与公平竞争的各类资源,培育适合创新要素自由流动的要素市场,提高创新要素的质量,建立良性的竞争机制;从法制环境看,通过知识产权保护制度的实施,提高企业的产权意识,降低维权成本,提高侵权成本,建立科学的创新利益分配机制,探索协同技术创新等新模式创新的产权制度,尝试通过价格机制来反映创新要素的价格,引导创新要素的合理配置,进而提高知识产权质量,促进技术创新的有序发展。

三、建立健全农业信息采集管理系统

国家早在 20 世纪末就已经开始着手数字农业领域的相关技术研究,当时国家科技部启动了相关的专项项目,这些项目实施后取得了较好的成果,在北京市、上海市、吉林省等地建立了示范区,北京市的农业生产管理信息系统、上海市的设施农业以及吉林省的生产环节数字化管理获得了预期的成功。但是,从全国目前情况看,现有的农业信息采集主要是各区域自我管理,国家层面的信息采集管理系统并不健全,使得数字农业基础信息无法在全国范

围内实现信息共享。因此,为加快数字农业高质量发展,需在国家层面建立健全农业信息采集管理系统,真正实现全国范围内的数字化管理。

为此,国家应加快出台关于农业数据共享政策及其配套管理办法,各省市配合国家相关政策的管理办法对农业数据资源进行协调管理和信息共享。通过提升各类信息技术的数据采集能力,建立健全农业信息采集管理系统,以此为基础,提高网络信息交流效率、数字市场交易质量,产生辐射效应,带动周围区域、周围产业的发展。

第三节　培育人才保障体系

改革开放以来,中国农业人口向非农领域转移的现象较为突出。大批优秀人才、青壮年劳动力受多重因素影响进入制造业、服务业工作,现有农业人才总量不足,年龄结构、供需结构失衡。留在农村从事农业生产的人员年龄偏大、知识水平偏低,农业生产过程中的数字技术应用意识较差,同时,数字技术领域专家的农业知识相对匮乏,其先进技术难以应用到农业生产实践。因此,数字农业高质量发展所需的人才梯队问题亟待解决。

一、强化规划引导

人才培养是一个长期的过程,需要政府的规划引导。2021年2月,国家为加强人才队伍建设,助力乡村振兴,由中共中央办公厅、国务院办公厅印发了《关于加快推进乡村人才振兴的意见》。

从国家层面为提高乡村人才队伍建设提供了政策引导与保障。

（一）各地区制定数字农业人才发展规划

配合国家相关政策，各省在结合本省农业资源禀赋，确定数字农业发展的具体方向和重点领域，科学制定相关人才发展规划，对所需人才的结构、数量进行准确预测，保证充足的人才供给。多举措引导地方政府、高等院校、职业教育及社会主体实施人才培养规划。

第一，在国家政策引导下，建议各省结合本省的农业资源现状，由各省农业农村厅牵头，组织开展数字农业相关知识及技术的短期培训班，鼓励各地农业领域的技术人员及农户积极参与，提高现有人才的相关知识水平，解决目前专业人才短缺的问题。

第二，建议各省教育厅根据国家相关政策制定本省的落实细则，鼓励所属农业院校成立数字农业的相关专业，或者在现有的专业设置基础上，通过产教融合，扩展学生的知识水平和实践能力，并引导学生自主学习相关知识，培养复合型专业人才梯队。

第三，各省农业农村厅还可以组织有基础的农业专业人士到国内数字农业建设发展较为成功的地区进行实践观摩，总结经验，与本地农情结合探索适合本地区的数字农业发展模式，并鼓励其在本地开展相关实践，以发挥其示范效应。另外，加强招才引智，引导各类人才向农业农村集聚，鼓励城市专业人才参与数字农业高质量发展的建设。

（二）提供各类专项项目引导

鼓励开展各类专项项目，多渠道引导各类人才参与数字农业高质量建设。

第一，鼓励发展订单式培养模式。推动数字农业涉及的相关专业院校按照市场需求，调整教学计划、教学方式，与用人单位合作定向培养所需人才，通过精准对接实现人才的供需匹配。

第二，建立相关人才定期服务乡村制度。鼓励基层年轻干部到乡镇任职、挂职，带去先进发展理念的同时，切实为数字农业高质量发展献计献策。支持各类专业技术人员通过专家服务、项目合作等多种形式参与数字农业高质量发展进程。对服务乡村的各类人才给予职称评定、岗位晋升的优先权。

二、建立人才激励机制

人才是数字农业高质量发展的关键要素之一，人才培养是基础，而人才激励是动力。随着信息技术的深度推广，协同创新、交叉创新和跨界创新成为趋势，单纯地培养复合型创新人才只能满足基本条件，为了更好地进行协同创新、交叉创新和跨界创新，需要建立健全人才激励机制，在更广泛的范围内整合人才要素，才能获得数字农业高质量发展所需人才。

建立一套与数字农业高质量发展相匹配的人才激励机制，需要从以下几个方面入手。

（一）制定和落实人才政策，优化人才结构

数字农业的发展需要不同层面的工程技术人才和一线农业技能、管理人才。从中国目前人才结构看，各层面的人才结构并不合理，因此，应针对不同人才的供需结构情况，制定适宜的人才激励机制。该机制不仅要重视对广大专业技术人才的激励，也要重视

农业技能人才的诉求。在不同层面创新人才的激励方面,应结合企业自身和所在的产业情况,制定适合自身的人才激励政策。主要包括:通过政府筛选并资助数字农业创新项目,降低其进行创新的风险顾虑;通过政府搭建技术创新信息平台,降低其进行创新的信息成本;通过政府的优秀人才安置政策,降低其家庭顾虑等措施。

(二)在收益分配上充分体现知识和创新的价值

数字农业的技术创新过程是一个团队共同努力的过程,不同创新环节的技术创新人才发挥的作用有区别,角色分工不同,在计量和评价工作业绩、成果贡献度时十分复杂,传统的绩效考核方法难以起到应有的激励作用。因此,应结合产业结构、企业现状,从价值分工的角度,建立科学合理的价值评估体系,如在落实股权激励政策时,要明确职务科技成果股权与激励对象、方式、条件和程序,特别是要细化落实国有企业和公立研究机构的股权激励政策,通过股权激励等长期激励制度,鼓励技术创新人才更多地参与收益分配,激励其创新积极性。另外,依托国家和地方的重点学科、重点领域、重点实验室等项目,建立领军型技术创新人才与企业合作机制,合理安排不同层次技术创新人才的科研资助和个人的职业生涯规划,形成多元化的激励机制。

(三)确保落实人才激励政策

任何的激励政策如果不落实,都难以发挥其激励作用。因此,科学、高效的激励政策要确保落实才能发挥其应有的激励作用。因此,应按照国家相关法律法规,结合项目实际的激励政策,公正、公平地对技术创新人才的工作进行考核,依据规章制度兑现承诺;同时,对激励政策的实施引入外部监督,在行业内公开其激励方案,既提高了诚信度,又可以吸引更多的创新人才。

三、构建人才评价机制

人才是技术创新的关键要素之一,人才培养是基础,人才激励是动力,而人才评价是落实人才激励的有效前提。人才评价机制是激励技术创新的重要工具,科学量化技术创新人才的工作业绩,充分调动人的潜能,是长久、持续创新的基础。

(一)科学选取评价指标要素

构建人才评价机制需要政府、行业协会和企业的共同参与。企业作为人才评价的基本单位,对企业人才的贡献度有着最为客观的评价,在评价指标要素的选取方面,从企业的宏观层面可以选取企业的创新收益、市场占有率等指标,从技术创新人才的微观层面可以选取该人才对某项技术创新的贡献度、承担任务的重要程度、难易程度、创意的采纳程度等指标进行分析。而行业协会可以借助自身在行业内的信息优势,对各类技术创新人才的信息进行整合分类,可以构建行业技术创新平台,整合相关人才对行业的共性技术问题进行突破,并对所获得的成果,结合企业的评价指标要素,对相关人才的创新能力进行科学评价,并将该信息在行业内公布。各级政府同样借助自身的信息优势,在完成重点技术创新项目时,根据项目对社会的贡献度,对各类人才进行科学评价,并将该评价结果通报给行业协会,不断完善人才的评价信息和评价机制。同时,政府和行业协会要对企业的人才评价机制进行正确的引导,在评价指标要素选取过程中,既要充分客观评价每一个技术创新人才的实际工作业绩,又要兼备企业、行业发展的前瞻性。

(二)合理配置指标权重

整合现有各类人才评价机制,给用人单位更多话语权和自主权,充分发挥市场选人、市场评价的作用,科学选取评价指标要素后,合理配置指标权重。在分配指标权重时,应根据创新成果的重要程度、任务的完成情况、创意的采纳情况分别赋予不同的权重,从而对技术创新人才的贡献程度进行区分,按照贡献程度的高低给予不同的激励,彰显企业激励机制的公平性和客观性。

(三)明确多元评价主体

人才评价机制的公正落实,离不开客观、公正的评价主体。传统的人才评价机制往往是由企业人力资源部门自行组织评价。而人力资源部门并非技术专家,对技术性的相关问题并不十分了解,对技术创新的前瞻性评价不足,而企业内的相关专家会受一些人为因素的影响,无法做到公正、客观的评价。因此,引入企业外的相关领域专家、学者对技术创新人才进行测评,既保证了人才评价机制的公平、客观,又可以和企业外部的专家、学者有一个信息交流的渠道,更好地保证企业的技术创新具有较强的前瞻性。

四、健全人才管理机制

人才是所有经济活动健康发展的源动力。实施有效的人才管理可以提升数字农业高质量发展的速度和活力。从现有的农业技术人才的管理办法看,传统的编制式管理存在诸多发展障碍。原有的编制内人员受年龄、知识结构未能与时俱进等因素的影响,限制了数字农业技术的推广及应用;编制的规模也限制了具备新型知识结构的青年人才加入;另外,受农业产业发展相对滞后的限制,原有的基层技术人员的薪酬待遇水平偏低,传统激励手段单一,使基层的技术创新能力提升缓慢,人才队伍的稳定性和积极性受到较大影响。因此,建立健全市场化的人才管理机制势在必行。

(一)鼓励跨界合作

数字农业的综合性特点,需要进行多学科交叉创新合作,而数字农业的技术创新就是要在多学科交叉的基础上,打破原有的领域壁垒,通过跨界合作实现创新发展。原有的人才培养体系过于专业化,无法适应多学科交叉的数字农业技术创新。从长期看,需要通过产教融合,完善人才培养机制;从短期看,需要鼓励跨界合作,加速解决人才断档问题。跨界合作,事实上是对现有各领域专业人才的一种整合,通过团队成员在合作过程中对合作项目的深入交流,让成员更多地了解本专业以外的相关知识,激发彼此的创新点,提高团队的整体水平。跨界合作是解决数字农业技术瓶颈的重要方法。

首先,树立团队合作精神。每个团队成员应正确认识,合作不是短期行为、一次性行为,而是为自身积累专业实力的过程。跨界合作过程中,认真倾听非本专业人士的观点、虚心接受非本专业人员的建设性意见,打造沟通零障碍的合作团队,通过反复的磋商,寻找最佳项目方案,激发创新热情,挖掘可能存在的创新点,提高团队整体实力的同时,提升个人的业务能力。

其次,建立科技成果转化机制。有完善的知识产权制度做保障,就可以有的放矢地建立市场化的科技成果转化机制。在科技成果转化过程中,可以探索市场化的利益分配机制,鼓励人才以知识产权、技术入股合作,合作双方可以以契约形式完成初始化利益分配,保证知识产权所有者的话语权,随着合作的深入,利益分配方案可以经第三方公证后协商更改,政府相关部门应随时跟进,掌握动态情况,综合众多科技成果转化实证,归纳规律性经验,初步建立科技成果转化机制,并不断进行完善。

(二)提供后勤保障

数字农业的高质量发展离不开人才。各地在吸引人才、培养人才的过程中,还要认真做好留住人才的工作。要想留住人才,一方面要有足够的利益吸引,另一方面还要能够提供后勤保障,让这些人才没有后顾之忧而安心工作。否则花大力气吸引来的人才也难以发挥预期的作用。有了好的后勤保障,既可以留住现有人才,也会吸引更多的人才留到这里,形成人才洼地。由此可见,后勤保障同样尤为重要。

首先,营造人才的工作环境。各地区结合实际情况,对所需人才进行分类管理,不同层级提供不同的支持方案。对高层次人才、急需人才可以采取柔性引才制度,采取"合同进出、户口不迁"的柔性管理办法,开通"绿色通道",先引才,通过这些人才带动团队,逐步提升本地人才的科研能力。同时,根据不同的需求,提供职称评聘、人才晋升等配套方案,组织培训帮助其提升职业素养,做好职业规划,通过这些措施留住这些人才。

其次,提供优质的生活环境。由工会部门对引进人才进行人文关怀,建立关爱机制,及时沟通了解生活所需。对举家随迁的人才,提供人才公寓,帮助解决社保关系转移接续、随迁子女入学、家庭成员就医、落户等问题,让这些人才能够安心工作、安心留下。

第四节　强化技术保障体系

数字农业是世界农业发展历程上的一个挑战,现有的技术基础还不能支撑其目标的实现,但是,相关技术的应用与研发在世界农业高质量发展领域中是极为活跃的。随着信息技术的发展,越来越多的学科将各自领域的科技成果通过研发融合,协调组装成为农业科技领域中的新生技术,为数字农业高质量发展提供技术服务。中国也非常重视信息技术对传统农业的技术提升改造,这对中国农业是一个弯道超车的机遇,它在促进中国数字农业高质量发展的同时,为制造业、服务业和知识产业拓宽了消费市场。

数字农业的技术研发创新主要包括两个方面:一是分析决策层面的相关科技研发,这个领域涉及农作物种苗培育、农业环境监测预测技术和农产品物流保鲜技术。农作物种苗培育技术可以提高品牌产品的成本与效益的最优比;农业环境监测预测技术可以科学使用农药,预防各类灾害、提高产品品质;农产品物流保鲜技术可以提高生鲜农产品的品质,保证长距离运输,扩大市场销售范围。通过这些技术手段的研发创新帮助农业生产主提高农业决策的科学性。二是数字农业管理层面的相关科技研发,这个领域涉及数字农业的信息管理技术,它需要对各类农业相关的信息进行综合管理,提供统计、排序、报表、数据更新和维护等服务,从而实现各类信息的实时共享。

一、搭建技术创新平台

为进一步完善数字农业的创新体系,还应该支持涉农科研院所和高校与企业联合建立农业科技研究中心,跨界跨域合作建立产学研用相结合的科技创新联盟,推行"产业+团队+项目+基地"推广模式。

技术创新平台是为分散的技术创新主体提供合作、交流的渠道,可以克服单个技术创新主体在创新能力提升方面的局限性,并有效降低技术创新过程中的风险。技术创新平台可以为所有的技术创新主体提供相对稳定的交流空间。目前,中国技术研发创新主体非常分散,相互之间缺乏分工、协作,创新资源缺乏有效整合。而搭建技术创新平台可以有效提高平台内制造企业以及整个产业链的技术创新效率。

技术创新平台应由政府引导,行业协会牵头,组织创新企业、高校及科研院所等创新主体共同参与,建立政府引导、企业主导、产学研结合的市场化技术创新平台。这一平台应以区域发展为基础,结合本地区的经济、资源禀赋情况,发展适应本地区情况的创新平台,然后通过信息网络平台构建成全国范围内的技术创新网络,实现更大范围的资源共享。结合各地区的实际情况,可以成立共性技术研发实验室或技术中心,解决区域内数字农业发展中存在的共性技术难题,同时,集中本地区的产学研力量,针对关键技术瓶颈进行研发创新,在引进技术的同时,借助技术创新平台,通过模仿创新、联合创新尽快实现自主创新。

技术创新平台还应以产业为基本脉络,创新企业与高校及科研院所合作建立基础研究→产业共性技术研究→产品研发→产品产业化的技术创新链条。共性技术主要是那些适用于整个行业、多种产品设计理论与方法及设计软件和数据库,基础制造工艺与工艺流程及数据库、材料数据库、技术标准与规范及实验测试方法等,这些相关信息可以在行业内通用。由于这些产业共性技术只应用于产品生产的基础环节,不能通过市场化手段收回其研发成本,是市场失灵在科技研发领域的一个重要表现,市场供给不足的情况,应由政府牵头成立国家重点实验室或研发中心,或是由高校及科研院所负责基础研究和共性技术研究,创新企业承担新产品研发与产业推广,通过合理的利益分配机制相互配合、分工协作,努力提高中国农业企业的创新水平。

二、组建技术集成示范团队

数字农业涉及诸多领域的跨界协调创新,除技术创新平台的环境支持外,还应该组建技术集成示范团队,将团队作为头雁培养,以期产生雁群效应。各省市应结合本区域内数字农业发展的特色产业,联合相关技术研发部门,整合上下游相关领域的专家成立专门团队,围绕关键技术或专项项目,集中力量进行技术集成创新,同时,建立相应的团队管理机制,通过信息共享,提升团队集成创新能力。

在创新成果转化推广过程中,结合新情况、新问题,不断加强农机、农艺的融合,鼓励其将创新成果在更多的地区进行示范推广,专家团队在不断总结经验的基础上,积极对相关农业经营主体开展技术培训和推广,加快创新技术的普及应用,促进创新成果的规模化应用,提高数字技术的经济性和适应性。

三、培育市场化的科技服务网络

随着互联网技术的深度发展,新技术的创新周期被缩短,新技术发展给社会、经济带来的影响前所未有且未知,因此,需要政府根据技术创新的实际情况,调整政策、法律以适应新技术的发展。同样,随之而来的是,越来越多的创新需要通过协同创新、交叉创新、跨界创新等新模式来实现,创新环节越来越多样化,技术创新服务越来越专业化,因此,逐渐衍生出专业化的技术创新服务机构和交易市场。这些专业化的技术创新服务机构,通过市场化运作,整合全世界的创新要素,实现突破性的创新,激发了技术创新的活力,调动了世界性的技术创新发展。

李克强于 2018 年 12 月 5 日在国务院常务会议上提出,在 2017 年 8 个先试先行地区改革成果的基础上,再将新一批 23 项改革举措向更大范围复制推广。在全国推广的改革举措主要包括:一是强化科技成果转化激励。允许转制院所和事业单位管理人员、科研人员以"技术股+现金股"的形式持有股权。引入技术经理人全程参与成果转化。鼓励高校、科研院所以订单等方式参与企业技术攻关。二是创新科技金融服务,为中小科技企业包括轻资产、未盈利企业开拓融资渠道。推动政府股权基金投向种子期、初创期科技企业。创业创新团队可约定按投资本金和同期商业贷款利息,回购政府投资基金所持股权。鼓励开发专利执行险、专利被侵权损失险等保险产品,降低创新主体的侵权损失。三是完善科研管理。推动国有科研仪器设备以市场化方式运营,实现开放共享。建立创新决策容错机制。由于科技创新具有前期投入大、风险高、投资周期长等特点,由市场化的私营企业独立完成具有较大难度。从中国目前技术创新的政策和法律环境看,在科技服务行业发展的早期阶段,需要政府的大力扶持,以不断完善政策和法律为依托,扶持相应的科技服务企业逐渐形成规模,打造创新链;借助政策的利益调节机制引导市场化运作,通过价格手段建立长期稳定的激励机制,培育市场化的科技服务网络。四是通过科技服务的网络化、专业化发展,形成市场化的发展空间,为企业的技术创新提供有效补充。

结　　论

　　我国自 2018 年中央"一号文件"首次提出大力发展数字农业以来,相继印发了《乡村振兴战略规划(2018—2022 年)》《数字农业农村发展规划(2019—2025 年)》等文件,为加快发展数字农业指明了方向并提供了遵循。对全国县域数字农业发展水平进行评价及测度,是推进各县域高质量发展数字农业的有效工具,但目前缺乏数字农业高质量发展的衡量指标。为此,本书以多功能农业理论、产业链理论、产业融合理论、农业技术创新理论等为理论基础,运用定性与定量相结合等研究方法对数字农业高质量发展问题进行了系统研究,得出以下几点结论。

一、数字农业高质量发展是中国经济高质量发展的必然选择

　　高质量发展是经济发展理论的重大创新,是习近平新时代中国特色社会主义经济思想的重要内容。数字农业高质量发展是经济高质量发展根本要求在"三农"工作中的贯彻落实。中国作为传统的农业大国,已经取得了量的增长,更需要有质的提升。目前,中国数字经济的发展势头强劲,传统农业借助这一趋势,势必

会迎来发展机遇。数字农业高质量发展也将成为中国经济高质量发展的重要支撑。

二、实现数字农业高质量发展需要科学的评价指标体系

对全国县域数字农业发展水平进行评价及测度,是推进各县域高质量发展数字农业的有效工具。本书采用模糊综合评价法,首次构建了反映数字生产、科技创新、效益水平、产业多元化发展以及信息化水平等数字农业高质量发展评价指标体系的基本框架,综合专家打分结果,得出各评价指标权重依次为:效益水平(0.4136)>科技创新(0.2603)>信息化发展(0.1416)>产业多元化融合(0.1068)>数字生产(0.0777)。并将 J 省作为典型案例做水平测度,根据专家打分结果的相关计算,得出 J 省数字农业发展状况总得分为 7.7331,处于中上等发展水平,基本符合当前的发展实践,说明建立的评价指标体系具有可行性。

三、数字农业高质量发展需要全产业链的共同努力

数字农业高质量发展需要将数字技术贯穿于农业生产、加工、流通、消费的全产业链当中。依据这一逻辑,本书提出:一是连出高质量,通过构建数字农业标准体系,实现信息共享,夯实全产业链数字化管理的基础;二是种出高质量,通过培育新型农业经营主体,实现规模化生产,借助产学研用合作,实现高质量生产;三是讲出高质量,通过打造品牌,提高农产品附加值,实现质的提升;四是运出高质量,通过构建双向物流网络,实现农产品的高效流通;五是融出高质量,通过三产融合,完善数字农业产业链,多渠道实现数字农业高质量发展;六是育出高质量,通过创建数字农业产业学

院,为数字农业高质量发展提供充足的人才储备。

四、数字农业高质量发展需要政府实施相关保障

数字农业高质量发展是一项复杂的系统工程,以数字经济为引擎,依据现实农情及量化评价体系,由政府适时推出相关外部保障,从以下几方面助推数字农业高质量发展:一是构建组织保障体系,打破信息壁垒,鼓励先试先行;二是完善制度保障体系,鼓励制度创新;三是培育人才保障体系,打造人才培养长效机制,鼓励人才向农业领域流动;四是强化技术保障体系,创建市场化技术服务网络,鼓励技术创新。

在信息技术快速迭代发展的背景下,数字农业作为一个新型农业发展模式,其高质量发展是一个不断认识、提升的过程,构建的数字农业高质量发展评价指标体系有助于全国各县域找准位置和差距,有利于实现数字农业数据开放共享,最大限度地释放数据价值。提出的数字农业高质量发展路径及实施保障有助于丰富和拓展高质量发展理论研究的广度和深度,推动数字农业高质量发展。

参考文献

1. 曹宏鑫、赵锁劳、葛道阔、张文宇、刘永霞、刘岩、陈昱利、宣守丽、孙金英、岳延滨、张智优、沙依然、张伟欣:《农业模型与数字农业发展探讨》,《江苏农业学报》2012年第5期。

2. 曹正勇:《数字经济背景下促进我国工业高质量发展的新制造模式研究》,《理论探讨》2018年第2期。

3. 陈锡文:《加快推进农业供给侧结构性改革 促进我国农业转型升级》,《农业网络信息》2017年第7期。

4. 程士国、普友少、朱冬青:《农业高质量发展内生动力研究——基于技术进步、制度变迁与经济绩效互动关系视角》,《软科学》2020年第1期。

5. 池红、刘强、胡旭、阿木补出:《四川数字农业发展现状及存在问题》,《四川农业科技》2017年第6期。

6. 楚明钦:《数字经济下农业生产性服务业高质量发展的问题与对策研究》,《理论月刊》2020年第8期。

7. 党玉梅:《数字化农业信息咨询决策集成平台构建》,石河子大学2013年博士学位论文。

8. 邸菲、胡志全:《我国农业现代化评价指标体系的构建与应用》,《中国农业资源与区划》2020 年第 6 期。

9. 丁声俊:《站在新时代高度认识农业粮食高质量发展》,《价格理论与实践》2018 年第 1 期。

10. 高宏存、陈小娟:《数字经济与乡村振兴新机遇》,《政策瞭望》2018 年第 10 期。

11. 高菊玲等:《乡村振兴背景下农业装备应用技术专业人才培养模式的转型方向和路径探索》,《中国农业教育》2020 年第 4 期。

12. 高鹏、刘燕妮:《中国农业可持续发展能力区域评价》,《中国软科学》2011 年第 1 期。

13. 高强、周振、孔祥智:《家庭农场的实践界定、资格条件与登记管理:基于政策分析的视角》,《农业经济问题》2014 年第 9 期。

14. 葛佳琨、刘淑霞:《数字农业的发展现状及展望》,《东北农业科学》2017 年第 3 期。

15. 巩俊岭:《农产品物流模式的演化机理与影响因素研究》,东北财经大学 2013 年硕士学位论文。

16. 谷洪波、吴闯:《我国中部六省农业高质量发展评价研究》,《云南农业大学学报》2019 年第 6 期。

17. 郭蓓、李婷君、魏东雄、何临、华玉武:《北京农业绿色发展评价指标体系构建及推进方向》,《农业展望》2018 年第 2 期。

18. 韩长赋:《提高农业质量效益和竞争力》,《人民日报》2020 年。

19. 何成军、李晓琴、银元:《休闲农业与美丽乡村耦合度评价指标体系构建及应用》,《地域研究与开发》2016 年第 5 期。

20. 黄少安、孙圣民、宫明波:《中国土地产权制度对农业经济增长的影响——对 1949—1978 年中国大陆农业生产效率的实证分析(英文)》,《Social Sciences in China》2005 年第 4 期。

21. 黄修杰、蔡勋、储霞玲、马力、左喆瑜:《我国农业高质量发展评价指标体系构建与评估》,《中国农业资源与区划》2020 年第 4 期。

22. 黄雪菲、黄文芳:《国别间多功能农业发展评价指标体系构建》,《中国人口·资源与环境》2016 年第 1 期增刊。

23. 贾敬敦、吴飞鸣、孙传范、夏晓东、张翔:《农业科技成果评价指标体系构建研究》,《中国农业科技导报》2015 年第 6 期。

24. 江小国、何建波、方蕾:《制造业高质量发展水平测度、区域差异与提升路径》,《上海经济研究》2019 年第 7 期。

25. 蒋和平:《加快北京农业高新技术产业化发展的对策》,《中国农业信息》2005 年第 8 期。

26. 蒋永穆:《必须加快我国农业增长方式的转变》,《四川大学学报(哲学社会科学版)》1997 年第 2 期。

27. 矫健、聂雁蓉、张仙梅、金云翔、陈伟忠、高云、陈霞、穆钰:《加快推进都市农业高质量发展对策研究——基于成都市对标评价》,《中国农业资源与区划》2020 年第 7 期。

28. 柯贤锋、李晓阳、龙贝、鄢晓凤、尹倩:《农业高质量评价指标体系构建及策略研究——来自重庆市北碚区第三次农业普查证据》,《西南大学学报(自然科学版)》2020 年第 9 期。

29. 匡远配、罗荷花:《"两型农业"综合评价指标体系构建及实证分析》,《农业技术经济》2010 年第 7 期。

30. 李克强:《坚决破除制约科研人员创新活力的不合理束缚》,中国政府网 2018 年 12 月 8 日。

31. 梁斌、吕新、王冬海、王林、张泽、侯彤宇、雷天翔:《规模化数字农业农村发展趋势探讨——以新疆生产建设兵团为例》,《农业经济》2020 年第 12 期。

32. 刘钒、马祎:《数字经济引领高质量发展研究述评》,《社会科学动态》2019 年第 12 期。

33. 刘燕妮、高鹏:《西部地区农业发展方式的评价》,《未来与发展》2012 年第 5 期。

34. 娄向鹏、郝北海:《品牌农业》,中国发展出版社 2021 年版。

35. 娄向鹏:《农产品区域品牌创建之道》,中国发展出版社 2019 年版。

36. 卢钰、赵庚星:《"数字农业"及其中国的发展策略》,《山东农业大学学报(自然科学版)》2003 年第 4 期。

37. 鲁邦克、邢茂源、杨青龙:《中国经济高质量发展水平的测度与时空差异分析》,《统计与决策》2019 年第 21 期。

38. 罗剑朝、曹瓅、罗博文:《西部地区农村普惠金融发展困境、障碍与建议》,《农业经济问题》2019 年第 8 期。

39. 吕建军:《中国农村电商物流发展报告》,《人民网(财经频道)》2020 年 4 月 24 日。

40. 吕小刚:《数字农业推动农业高质量发展的思路和对策》,《农业经济》2020 年第 9 期。

41. 廖冉:《关于深化"互联网+旅游"推动旅游业高质量发展的意见》,《商业文化》2020 年第 36 期。

42. 马茹、罗晖、王宏伟、王铁成:《中国区域经济高质量发展评价指标体系及测度研究》,《中国软科学》2019 年第 7 期。

43. 马银戌、许艺凡:《基于熵值法的休闲农业发展潜力指标体系构建与赋权——以河北省为例》,《统计与管理》2018 年第 9 期。

44. 农业农村部、中央网络安全和信息化委员会办公室:《数字农业农村发展规划(2019—2025 年)》,中华人民共和国农业农村部网站 2020 年 1 月 20 日。

45. 农业农村部关于印发《全国乡村产业发展规划(2020—2025 年)》的通知,《中华人民共和国农业农村部公报》2020 年第 8 期。

46. 彭柳林、王长松、余艳锋、余永琦、卢华:《新时期江西农业高质量发展中存在的问题及对策》,《江西农业学报》2020 年第 2 期。

47. 彭新宇:《农业服务规模经营的利益机制——基于产业组织视角的分析》,《农业经济问题》2019 年第 9 期。

48. 阮俊虎、刘天军、冯晓春、乔志伟、霍学喜、朱玉春、胡祥培:《数字农业运营管理:关键问题、理论方法与示范工程》,《管理世界》2020 年第 8 期。

49. 石保纬、王田月、梁盛凯、陆泉志、陆宇明、周文亮、范稚莲、莫良玉:《产业结构与聚集视角下广西农业高质量发展路径研究》,《广东农业科学》2019 年第 5 期。

50. 宿迟:《加大知识产权司法保护力度——将习近平总书记讲话精神落实到知识产权司法审判实务中》,《中国发明与专利》2018 年第 9 期。

51. 孙蕊、齐天真：《农业适度规模发展评价指标体系构建与综合评价》，《统计与决策》2019 年第 7 期。

52. 万俊毅、曾丽军、周文良：《乡村振兴与现代农业产业发展的理论与实践探索——"乡村振兴与现代农业产业体系构建"学术研讨会综述》，《中国农村经济》2018 年第 3 期。

53. 汪旭晖、张其林：《电子商务破解生鲜农产品流通困局的内在机理——基于天猫生鲜与沱沱工社的双案例比较研究》，《中国软科学》2016 年第 2 期。

54. 汪旭晖、赵博、王新：《数字农业模式创新研究——基于网易味央猪的案例》，《农业经济问题》2020 年第 8 期。

55. 王翠、刘世洪、刘伟、宋林鹏：《农业高新技术评价指标体系构建》，《江苏农业科学》2019 年第 15 期。

56. 王俊杰、王娟娥、方金：《构建资源节约型农业综合评价指标体系研究——以山东省为例》，《中国农业资源与区划》2014 年第 4 期。

57. 王小兵、康春鹏、董春岩：《对"互联网+"现代农业的再认识》，《农业经济问题》2018 年第 10 期。

58. 王小兵、钟永玲、李想、康春鹏、董春岩、梁栋、马晔：《数字农业的发展趋势与推进路径》，《农业工程技术》2020 年第 12 期。

59. 王小艳：《农业产业化发展助力乡村高质量发展研究》，《中国经贸导刊（中）》2020 年第 2 期。

60. 吴向伟：《转变农业发展方式的内涵与途径》，《经济纵横》2008 年第 2 期。

61. 吴晓柯等：《一种面向深度学习的农业大数据标准体系》，《信息技术与信息化》2020 年第 5 期。

62.［美］西奥多·舒尔茨:《经济增长与农业》,郭熙保译,中国人民大学出版社 2015 年版。

63.［美］西蒙·库兹涅茨:《现代经济增长》,戴睿、易诚译,北京经济学院出版社 1989 年版。

64. 夏显力、陈哲、张慧利、赵敏娟:《农业高质量发展:数字赋能与实现路径》,《中国农村经济》2019 年第 12 期。

65. 谢淑娟、匡耀求、黄宁生、赵细康:《低碳农业评价指标体系的构建及对广东的评价》,《生态环境学报》2013 年第 6 期。

66. 辛岭、安晓宁:《我国农业高质量发展评价体系构建与测度分析》,《经济纵横》2019 年第 5 期。

67. 徐维莉:《农业与二、三产业融合发展评价指标体系构建与验证——以苏州市为实证》,《中国农业资源与区划》2019 年第 4 期。

68. 薛领、雪燕:《"数字农业"与我国农业空间信息网格(Grid)技术的发展》,《农业网络信息》2004 年第 4 期。

69. 薛亮、杨永坤:《家庭农场发展实践及其对策探讨》,《农业经济问题》2015 年第 2 期。

70. 杨久栋、马彪、彭超:《新型农业经营主体从事融合型产业的影响因素分析——基于全国农村固定观察点的调查数据》,《农业技术经济》2019 年第 9 期。

71. 杨艳:《农业行业组织在农产品区域公用品牌不同发展阶段中的角色分析》,《青岛农业大学学报(社会科学版)》2017 年第 4 期。

72. 姚爱萍:《中国省域农业竞争力测度及分析——指标体系构建及其相关关系研究》,《农村经济》2017 年第 6 期。

73. 于法稳、黄鑫:《新时代农业高质量发展的路径思考》,《中国井冈山干部学院学报》2019 年第 6 期。

74. 张国忠、王景利:《我国农业现代化发展进程分析》,《金融理论与教学》2020 年第 6 期。

75. 张建杰、崔石磊、马林、孟凡磊、宋晨阳、李雨濛、马文奇:《中国农业绿色发展指标体系的构建与例证》,《中国生态农业学报(中英文)》2020 年第 8 期。

76. 张莉:《中国农业科学数据共享发展研究》,中国农业科学院 2006 年博士学位论文。

77. 张露、罗必良:《中国农业的高质量发展:本质规定与策略选择》,《天津社会科学》2020 年第 5 期。

78. 张乃明、张丽、赵宏、韩云昌、段永蕙:《农业绿色发展评价指标体系的构建与应用》,《生态经济》2018 年第 11 期。

79. 张社梅、陈锐、罗娅:《公证嵌入下农业高质量发展的路径探讨——基于新型农业生产经营主体微观视角》,《农业经济问题》2020 年第 6 期。

80. 张颂心:《浙江省低碳农业经济评价指标体系构建及评价》,《农学学报》2018 年第 6 期。

81. 张颖熙、夏杰长:《以服务消费引领消费结构升级:国际经验与中国选择》,《北京工商大学学报(社会科学版)》2017 年第 6 期。

82. 赵大伟、景爱萍、陈建梅:《中国农产品流通渠道变革动力机制与政策导向》,《农业经济问题》2019 年第 1 期。

83. 赵丹丹、刘春明、鲍丙飞、许波:《农业可持续发展能力评价与子系统协调度分析——以我国粮食主产区为例》,《经济地理》2018 年第 4 期。

84. 郑军、史建民:《基于 AHP 法的生态农业竞争力评价指标体系构建》,《中国生态农业学报》2010 年第 5 期。

85. 钟钰:《向高质量发展阶段迈进的农业发展导向》,《中州学刊》2018 年第 5 期。

86. 朱玲、周科:《低碳农业经济指标体系构建及对江苏省的评价》,《中国农业资源与区划》2017 年第 5 期。

87. Agyekumhene, C., De Vries, J. R., van Paassen, A., Macnaghten, P., Schut, M., Bregt, A., "Digital Platforms for Small holder Credit Access: The Mediation of Trust for Cooperation in Maize Value Chain Financing", *Food Agribusiness Manage*, Vol. 86 – 87, No.11,2018.

88. Aker,J.C.,"Dial'A' for Agriculture: A Review of Information and Communication Technologies for Agricultural Extension in Developing Countries",*Agricultural Economy*,Vol.42,No.6,2011.

89. Annosi,M.C.,Brunetta,F.,Monti,A.,Nat,F.,"Is the Trend your Friend? An Analysis of Technology 4.0 Investment Decisions in Agricultural SMEs",*Computer Industry*,Vol 20,No.3,2019.

90. Antle,J.M.,Jones,J.W.,Rosenzweig,C.E.,"Next Generation Agricultural System Data, Models and Knowledge Products: Introduction",*Agricultural System*,Vol.155,No.7,2017.

91. Barnes, A., De Soto, I., Eory, V., Beck, B., Balafoutis, A., Sánchez, B., Vangeyte, J., Fountas, S., Van der Wal, T., Gómez-Barbero,M.,"Influencing Factors and Incentives on the Intention to Adopt Precision Agricultural Technologies within Arable Farming

Systems", *Environmental Science Policy*, Vol.93, No.12, 2019.

92. Baumüller, H., "The Little We Know: An Exploratory Literature Review on the Utility of Mobile Phone-Enabled Services for Smallholder Farmers", *Journal of International Development*, Vol.30, No.1, 2017.

93. Bear, C., Holloway, L., "Country Life: Agricultural Technologies and the Emergence of New Rural Subjectivities", *Geography Compass*, Vol.23, No.6, 2015.

94. Blok, V., "Technocratic Management Versus Ethical Leadership Redefining Responsible Professionalism in the Agri-Food Sector in the Anthropocene", *Journal of Agricultural and Environmental Ethics*, Vol.31, No.10, 2018.

95. Blok, V., Gremmen, B., "Agricultural Technologies as Living Machines: Toward Abiomimetic Conceptualization of Smart Farming Technologies", *Ethics, Policy and Environment*, Vol.21, No.2, 2018.

96. Boehlje, M., "How might Big Data Impact Industry Structure and Enhance Margins?" *Food Agribusiness Management*, Vol.36, No.5, 2018.

97. Bronson, K., "Smart Farming: Including Rights Holders for Responsible Agricultural Innovation", *Technology. Innovation Management*, Vol.12, No.1, 2018.

98. Burton, R.J.F., Riley, M., "Traditional Ecological Knowledge from the internet? The Case of Hay Meadows in Europe", *Land Use Policy*, Vol.70, No.1, 2018.

99. Butler, D., Holloway, L., "Technology and Restructuring the

Social field of Dairy Farming: Hybrid Capitals, 'Stockmanship' and Automatic Milking Systems", *Sociologia Ruralis*, Vol.56, No.1, 2016.

100. Carolan, M., "'Smart' Farming Techniques as Political Ontology: Access, Sovereignty and the Performance of Neoliberal and Not-so-Neoliberal Worlds", *Sociologia Ruralis*, Vol.63, No.10, 2018.

101. Dick, A., Bhandari, B., Prakash, S., "3D Printing of Meat", *Meat Science*, Vol.153, No.7, 2019.

102. Eastwood, C.R., Chapman, D.F., Paine, M.S., "Networks of Practice for Co-construction of Agricultural Decision Support Systems: Case Studies of Precision Dairy Farms in Australia", *Agriculture System*, Vol.79, No.7, 2016.

103. Eichler Inwood, S.E., Dale, V.H., "State of Apps Targeting Management for Sustainability of Agricultural Landscapes. A Review", *Agronomy for Sustainable Development*, Vol.39, No.8, 2019.

104. EL Bilali, H., Allahyari, M.S., Transition towards Sustainability in Agriculture and Food Systems: Role of Information and Communication Technologies, *Agricultural Information Process*, Vol.5, No.4, 2018.

105. Fountas, S., Blackmore, S., Ess, D., Hawkins, S., Blumhoff, G., Lowenberg-Deboer, J., Sorensen, C.G., "Farmer Experience with Precision Agriculture in Denmark and the US Eastern Corn Belt", *Precision Agriculture*, Vol.6, No.2, 2016.

106. Hansen, B.G., "Robotic Milking-farmer Experiences and Adoption Rate in Jaren", *Journal of Rural Studies*, Vol.41, No.1, 2015.

107. Higgins, V., Bryant, M., Howell, A., Battersby, J., "Ordering

Adoption：Materiality，Knowledge and Farmer Engagement with Precision Agriculture Technologies"，*Journal of Rural Studies*，Vol.55，No.8，2015.

108. Islam，M. S.，Grönlund，A.，"An Agricultural Market Information Service(AMIS)in Bangladesh：Evaluating a Mobile Phone based E-service in a Rural Context"，*Information Development*，Vol.26，No.4，2010.

109. Jensen，H.，Jacobsen，L. B.，Pedersen，S.，Tavella，E.，"Socioeconomic Impact of Widespread Adoption of Precision Farming and Controlled Traffic Systems in Denmark"，*Precision Agriculture*，Vol.13，No.6，2012.

110. Kamilaris，A.，Kartakoullis，A.，Prenafeta-Boldú，F. X.，"A Review on the Practice of Big Data Analysis in Agriculture"，*Computers and Electronics in Agriculture*，Vol.143，No.5，2012.

111. Kelly，N.，Bennett，J. M.，Starasts，A.，"Networked Learning for Agricultural Extension：A Framework for Analysis and Two Cases"，*Journal of agricultural education*，Vol.61，No.9，2017.

112. Lio，M.，Liu，M. C.，"ICT and Agricultural Productivity：Evidence from Cross-country Data"，*Agriculture Economy*，Vol. 52，No.3，2006.

113. Mogili，U.R.，Deepak，B.B.V.L.，"Review on Application of Drone Systems in Precision Agriculture"，*Procedia Computer Science*，Vol.133，No.1，2018.

114. Nambisan，S.，Wright，M.，Feldman，M.，"The Digital Transformation of Innovation and Entrepreneurship：Progress，Chall-

enges and Key Themes", *Research Policy*, Vol.48, No.8, 2019.

115. Portanguen, S., Tournayre, P., Sicard, J., Astruc, T., Mirade, P.S., "Toward the Design of Functional Foods and Biobased Products by 3D Printing: a Review", *Trends in Food Science & Technology*, Vol.32, No.1, 2019.

116. Relf-Eckstein, J. A., Ballantyne, A. T., Phillips, P. W. B., "Farming Reimagined: A Case Study of Autonomous farm Equipment and Creating an Innovation Opportunity Space for Broadacre Smart Farming", *NJAS-Wageningen Journal of Life Sciences*, Vol. 90 – 91, No.12, 2019.

117. Rojo Gimeno, C., Van der Voort, M., Niemi, J., Lauwers, L., Ringgaard Kristensen, A., Wauters, E., "Assessment of the Value of Information of Precision Livestock Farming: A Conceptual Framework", *NJAS-Wageningen Journal of Life Sciences*, Vol.90 – 91, No.12, 2019.

118. Rose, D. C., Parker, C., Fodey, J., Park, C., Sutherland, W.J., Dicks, L. V., 2018. "Involving Stakeholders in Agricultural Decision Support Systems: Improving User-centred Design", *International Journal of Agricultural Management*, Vol.6, No.3, 2018.

119. Rotz, S., Duncan, E., Small, M., Botschner, J., Dara, R., Mosby, I., Reed, M., Fraser, E. D. G., The Politics of Digital Agricultural Technologies: A Preliminary Review. *Sociologia Ruralis*, Vol.12, No.1, 2019.

120. Rotz, S., Gravely, E., Mosby, I., Duncan, E., Finnis, E., Horgan, M., LeBlanc, J., Martin, R., Neufeld, H.T., Nixon, A., Pant, L.,

Shalla, V. , Fraser, E. , "Automated Pastures and the Digital Divide: How Agricultural Technologies are Shaping Labour and Rural Communities", *Journal of Rural Studies*, Vol.33, No.5, 2019.

121. Schimmelpfennig, D. , Ebel, R. , "Sequential Adoption and Cost Savings from Precisionagriculture", *Journal of Agricultural and Resource Economics*, Vol.23, No.6, 2016.

122. Skvortsov, E.A. , Skvortsova, E.G. , Sandu, I.S. , Iovlev, G.A. , "Transition of Agriculture to Digital, Intellectual and Robotics Technologies", *Economy of Region*, Vol.1, No.3, 2018.

123. Sykuta, M. , "Big Data in Agriculture: Property Rights, Privacy and Competition in Ag Data Services", *The International Food and Agribusiness Management Review*, Vol.19, No.1, 2018.

124. Tsouvalis, J. , Seymour, S. , Watkins, C. "Exploring Knowledge-Cultures: Precision Farming, Yield Mapping, and the Expert-Farmer Interface", *Environment & Planning*, Vol. 31, No.5, 2000.

后　记

本书是肖艳主持的教育部人文社会科学研究一般项目（21YJA790064）的研究成果。

数字农业高质量发展是一个复杂的系统工程，与数字农业发展的实践要求相比，尚有许多问题有待于进一步深入探讨，如本书主要聚焦在数字农业高质量发展问题的基础性、普遍性和通用性问题上。在对具体区域的数字农业发展状况进行案例分析的基础上总结共性的经验，尝试提出一些通用性研究成果，如数字农业高质量发展的评价体系、发展路径等，期望可以在未来的研究中应用到具体的数字农业实践案例中，进行相关的实证研究。另外，本书从数字农业的整体视角出发，对相关问题进行了研究。实际上，数字农业发展状况、发展过程会受到区域资源禀赋以及行业特点影响，如农业机械行业、物流行业、金融业、旅游业等之间会存在不同的数字农业运行方式，而在一个区域内由于农业的多样性，也会导致不同行业主导的数字农业发展轨迹不同。在未来的研究中，可以从行业的研究视角对本相关研究结果加以应用，使数字农业的研究更为立体化、全面化。

　　在本书付梓之际,心中充满无限感激!感激教育部项目基金的资助!感谢在文献收集和实际调研中,相关政府部门和企业的鼎力支持和帮助!感谢课题组成员的辛苦付出和齐心协力!

肖　艳